HISTOIRE

DE

L'ASSEMBLÉE NATIONALE

CONSTITUANTE.

Poissy. — Typographie ARBIEU.

HISTOIRE

DE

L'ASSEMBLÉE NATIONALE

CONSTITUANTE

Par BABAUD-LARIBIÈRE

ANCIEN REPRÉSENTANT DU PEUPLE

—∞—

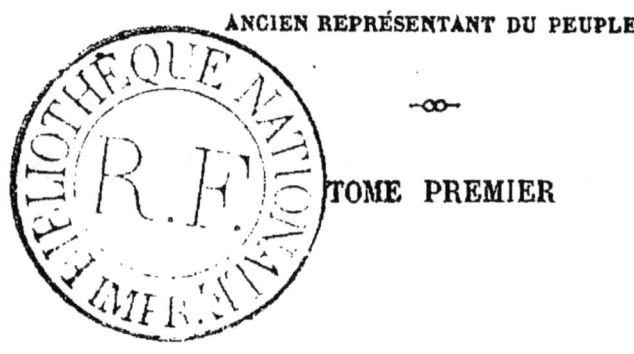

TOME PREMIER

PARIS

MICHEL LÉVY FRÈRES, LIBRAIRES ÉDITEURS

RUE VIVIENNE, 1

1850

INTRODUCTION.

La Révolution de février et la proclamation de la République avaient été accueillies avec faveur sur tous les points du territoire. Pas une protestation ne s'était élevée; un ordre admirable s'était maintenu dans tous les départements; la famille royale avait pu quitter la France sans être inquiétée; tous les cœurs étaient ouverts à l'espérance, et cette nation de trente-cinq millions d'hommes, naguère encore si divisée, offrit pendant quelques jours ce spectacle unique dans l'histoire, d'un peuple uni et confondu dans un même sentiment de confiance et de patriotisme.

La Révolution était si grande et si imprévue que chacun y reconnaissait alors le doigt de Dieu. L'égoisme, la peur, l'envie, toutes les mauvaises passions qui divisent les hommes, furent un instant étouffées; l'amour de la France et de la liberté était resté seul au fond des consciences.

La République avait été proclamée le 24 février. Dès le 5 mars, le Gouvernement provisoire, *voulant remettre le plus tôt possible aux mains d'un Gouvernement définitif les pouvoirs qu'il exerçait dans l'intérêt et par le commandement du peuple,* avait décrété que les assemblées électorales de canton seraient convoquées pour élire les représentants du peuple à l'Assemblée nationale. Voici quels étaient les principes généraux du décret de convocation :

1° Que l'Assemblée nationale décréterait la Constitution;

2° Que l'élection aurait pour base la population;

3° Que les représentants du peuple seraient au nombre de neuf cents ;

4° Que le suffrage serait direct et universel sans aucune condition de cens ;

5° Que tous les Français de vingt et un ans seraient électeurs, et que tous les Français âgés de vingt-cinq ans seraient éligibles ;

6° Que le scrutin serait secret.

Le scrutin s'ouvrit, dans tous les cantons de la République, le dimanche de Pâques 23 avril.

Cette solennelle manifestation de la volonté du peuple s'accomplit avec le plus grand ordre. Les populations calmes, recueillies, précédées presque partout par les ministres des cultes et les magistrats municipaux, se présentèrent au scrutin, avec le sentiment d'un grand devoir à accomplir ; tout chez elles était abandon naïf, espérances sans bornes...... Pouvait-il en être autrement ?...

VIII

Étranger hier, encore, au gouvernement de l'État, ce peuple avait ressaisi tout d'un coup son imprescriptible souveraineté, et Dieu sait si les flatteurs lui manquaient à présent. Ses contempteurs de la veille étaient à ses pieds; on recherchait ses suffrages, et il n'avait pas de plus enthousiastes amis que ceux qui lui déniaient hier encore son droit politique.

Aussi n'est-il pas étonnant que sa religion ait été maintes fois surprise. Confiant dans ces belles protestations de dévouement, pouvait-il se douter que les plus fanatiques admirateurs de la Révolution chercheraient bientôt à la comprimer, en lui marchandant ses conséquences légitimes et nécessaires, au risque même de précipiter la France dans de nouvelles et sanglantes agitations.

Voici la liste des représentants qui furent élus le 23 avril. Combien, hélas! ne durent leur nomination qu'à des promesses trop vite oubliées!

Ain. — Bodin (Alex.-Marcel-Melchior). Bochard. Charassin. Francisque Bouvet (François-Joseph). Guigue de Champvans. Maissiat (Jacques). Quinet (Edgard). Regembal (Antoine). Tendret.

Aisne. — Barrot (Odilon). Bauchart (Quentin). Baudelot. De Brotonne. Desabes. Dufour (Théophile). Lemaire (Maxime). Leproux (Jules). Lherbette. Nachet. Plocq (Toussaint. Quinette. De Tillancourt (Edmond). Vivien.

Allier. — Bureaux de Puzy. De Courtais. Fargin-Fayolle. Laussedat (Louis). Madet (Charles). Mathé (Félix). Ferrier (Barthélemy). Tourret (Charles-Gilbert).

Basses-Alpes. — Chaix (Auguste). Duchaffault. Fortoul. Leydet.

Hautes-Alpes. — Allier. Bellegarde. Faure (Pascal-Joseph).

Ardèche. — Champanhet. Chazellon. Dautheville (François). Laurent. Mathieu. Rouveure. Royol (Jean). Sibour. Valladier.

Ardennes. — Blanchard. Drappier. Payer. Robert (Léon) Talon. Ternaux-Mortimer. Toupet-Desvignes. Tranchart.

Ariége. — Anglade (Clément). Arnaud. Casse. Darnaud. Galy-Cazalat. Vignes (Th.). Xavier Durrieu.

Aube. — Blavoyer. Delaporte. Gayot (Amédée). Gerdy (Pierre-Nicolas). Lignier. Millard (Jean-Auguste). Stourm.

Aude. — Anduze-Faris. Barbès (Armand). Joly fils. (Edmond). Raynal (Théodore). Sarrans (Jean). Sollier (Marc). Trinchant.

Aveyron. — Abbal (Bazile-Joseph). Affre (Louis-Henri). Dalbis de Salze. Dubruel (Édouard). Grandet. Médal. Pradié. Rodat. Vernhette. Vésin.

Bouches-du-Rhone. — Astoin. [Barthélemy. Berryer (Pierre-Antoine). Laboulie (Gustave). Ollivier (Démosthènes). Pascal (Félix). Poujoulat. Rey (Alexandre). Reybaud (Louis). Sauvaire-Barthélemy.

Calvados. — Bellencontre (Joseph-Pierre-François). Besnard (Jean-Charles). Demortreux (Pierre-Thomas-Frédéric). Desclais (Jacques-Alexandre). Deslongrais (Armand-Rocherullé). Douesnel-Duboscq (Robert-Alexandre). Hervieux (Pierre-Sosthène). Lebarillier (Louis-Constant). Lemonnier (Jean-Nicolas). Marie (Auguste-Alphonse). Person (Félix). Thomine-Desmasures.

Cantal. — Daude. Delzons (Jean-François-Amédée). Durieu (Paulin). Murat-Sistrières. Parieu (Félix Esquiron de). Richard. Teillard-Latérisse.

Charente. — Babaud-Laribière. Garnier Laboissière. Girardin (Ernest de). Hennessy (Auguste). Lavallée. Mathieu Bodet. Pougeard. Rateau.

Charente-Inférieure. — Audry de Puyraveau (Pierre-François). Baroche. Brard (Pierre-Lucien). Bugeaud. Debain (Léon). Dufaure. Dupont (de Bussac.) Gaudin (Pierre-Théodore). Regnault de Saint-Jean d'Angély. Renou de Ballon. Target.

Cher. — Bidault. Bouzique (Étienne-Ursin). Duplan (Paul). Duvergier de Hauranne. Poisle-Desgranges (Jacques-Damien). Pyat (Félix). Vogué (Léonce de).

Corrèze. —Bourzat. Ceyras. Du Bousquet-Laborderie. Favart. Latrade. Lebraly. Madesclaire. Penières.

Corse. — Bonaparte (Napoléon). Bonaparte (Pierre-Napoléon). Casabianca (Xavier). Conti (Étienne). Pietri (Pierre-Marie.

Cote-d'Or. — Bougueret (Édouard). Godard-Poussignol. James Demontry. Joigneaux. Magnin-Philippon. Maire (Neveu). Maréchal. Mauguin. Monnet. Perrenet (Pierre).

Cotes-du-Nord. — Carré (Félix). Denis. Depasse (Émile-Toussaint-Marcel). Glais-Bizoin. Houvenagle. Ledru. Legorrec. Loyer. Marie. Michel. Morrhéry. Perret. Racinet. Simon (Jules). Tassel. (Yves). Tréveneuc (Henri-Louis-Marie de).

Creuse. — De Saincthorent. Fayolle (Edmond). Guisard. Lassaire. Leclerc (Félix). Leyraud. Sallandrouze-Lamornais.

Dordogne. — Auguste Mie. Barailler (Eugène). Chavoix (Jean-Baptiste). Delbetz. Dezeimeris. Ducluzeau. Dupont (Auguste). Dussollier. Goubie. Grolhier-Desbrousses. Lacrouzille (Amédée). Savy. Taillefer (Timoléon).

Doubs. — Baraguay-d'Hilliers. Bixio. Convers. Demesmay Mauvais. Montalembert. Tanchard.

Drome. — Bajard. Belin. Bonjean. Curnier. Mathieu (Philippe). Morin. Rey. Sautayra.

Eure. — Alcan (Michel). Canel. Davy. Demante (Antoine-Marie). Dumont. Dupont. Langlois. Legendre. Montreuil (de). Picard (Jean-Jacques-François). Sevaistre (Paul).

EURE-ET-LOIR. — Barthélemy. Isambert. Lebreton (Eugène Casimir). Marescal. Raimbault-Courtin. Subervie. Trousseau (Armand).

FINISTÈRE. — Brunel (Alexis). Decouvrant (André-Marie-Adolphe). Fauveau (Joseph). Fournas (Balthazar de). Graveran. Kéranflech (Yves-Michel-Gilard de). Kersauson (Joseph-Marc-Marie). Lacrosse. Lebreton (Charles-Louis). Le Flo. Mège (James). Riverieulx (Armand-Marie-Émile). Rossel (Victor). Soubigou (François-Louis). Tassel.

GARD. — Béchard (Ferdinand). Bousquet. Chapot. Demians (Auguste). Favand (Étienne-Édouard-Charles-Eugène). Labruguière-Carme. Larcy (de). Reboul (Jean). Roux-Carbonnel. Teulon.

HAUTE-GARONNE.. — Azerm (Louis). Calès (Godefroi). Dabeaux. Espinasse (Ernest de l'). Gatien Arnoult (Adolphe-Félix). Joly (Henri). Malbois (Jean-François). Marrast (Armand). Mulé (Bernard). Pagès (de l'Ariège) (Jean-Baptiste). Pegot-Ogier (Jean-Baptiste). Rémusat (Charles de).

GERS. — Alem-Rousseau. Aylies. Boubée (Théodore). Carbonneau. David (Irénée). Gavarret. Gounon. Panat (de).

GIRONDE. — Billaudel (Jean-Baptiste-Basilide). Denjoy. De Sèze (Aurélien). Ducos (Théodore). Feuilhade-Chauvin. Hovyn-Tranchère. Hubert-Delisle. Lagarde. Larrieu. Molé. Richier. Servières. Simiot. Thomas (Clément).

HÉRAULT. — André (Jules). Bertrand (Jean-Pierre-Louis-Toussaint). Brives. Carion-Nisas (André). Cazelles (Brutus). Charamaule (Hippolyte). Laissac. Reboul-Coste (Aristide). Renouvier (Jules). Vidal.

Ille-et-Vilaine. — Andigné de la Chasse (d'). Bertin. Bidard. Fresneau (Armand). Garnier-Kéruault. Jouin (Pierre). Kerdrel (Vincent-Audren de). Legeard de la Diriays. Legraverend. Marion (Jean-Louis). Méaule (Charles). Paul Rabuan. Roux-Lavergne (Pierre-Célestin). Trédern (de).

Indre. — Bertrand (Henri). Charlemagne (Édouard). Delavau (François-Charles). Fleury. Grillon (Eugène-Victor-Adrien). Rollinat.

Indre-et-Loire. — Crémieux (Isaac-Adolphe). Foucqueeau. Gouin (Alexandre). Julien. Jullien (Amable). Luminais. Taschereau (Jules). M. Bacot.

Isère. — Bertholon. Blanc (Alphonse). Brillier. Cholat Clément (Auguste). Crépu. Durand-Savoyat. Farconnet. Froussard. Marion de Faverges (André). Renaud. Repellin. Ronjat. Saint-Romme. Tranchand.

Jura. — Chevassus. Cordier (Joseph). Gréa. Grévy (Jules) Huot (Césaire). Jobez (Alphonse.) Tamisier. Valette.

Landes. — Bastiat (Frédéric). Dampierre (Élie de). Duclerc (Eugène). Duprat (Pascal). Lefranc (Victor). Marrast (François). Turpin (Numa).

Loire-et-Cher. — Ducoux. Durand de Romorantin. Géraud. Normant (Antoine). Salvat. Sarrut (Germain).

Loire. — Alcock. Baune. Callet (Pierre-Auguste). Chavassieu. Devillaine. Favre (Jules). Fourneyron (Benoist). Levet (Henri). Martin-Bernard. Point. Verpilleux.

Haute-Loire. — Avond (Auguste). Badon. Breymand·

Grellet (Félix). Lafayette (Edmond). Lagrevol (Alexandre). Laurent (Aimé). Rullière.

Loire-Inférieure. — Bedeau (Marie-Alphonse). Billaut. Braheix, Camus de la Guibourgère (Alexandre-Prosper). Desmars. Favre (Ferdinand). Favreau (Louis-Jacques). Fournier (Félix). Granville (Aristide de). Lanjuinais. Rochette (Ernest de la). Sesmaisons (Olivier de). Waldeck-Rousseau.

Loire. — Abbatucci. Arbey. Considerant (Victor). Martin (Alexandre). Michot. Péan (Émile). Roger. Rondeau.

Lot. — Ambert. Carla. Cavaignac (le général Eugène). Labrousse (Émile). Murat (Lucien). Rolland. Saint-Priest (de).

Lot-et-Garonne. — Baze. Bérard. Boissié. Dubruel (Gaspard). Luppé (Irène de). Mispoulet. Radoult-Lafosse. Tartas (Émile). Vergnes (Paul).

Lozère. — Comandre (Édouard). Desmolles. Renouard (Fortuné). M. l'abbé Fayet.

Maine-et-Loire. — Bineau. Cesbron-Lavau (Charles). David d'Angers. Dutier. Falloux (de). Farran. Freslon (Alexandre). Gullier de la Touche. Jouneaulx. Lefrançois. Louvet (Ch.). Oudinot. Tessié de la Motte.

Manche. — Abraham Dubois. Boulatignier. Delouche. Demésange. Diguet. Dudouyt. Essarts (des). Gaslonde. Havin. Laumondais. Lempereur. Perrée (Louis). Tocqueville (Henri-Alexis de). Vieillard (Narcisse). M. Reibell.

Marne. — Aubertin. Bailly. Bertrand (Jean). Dérodé

(L.-Émile). Faucher (Léon). Ferrand. Leblond. Pérignon. Soullié.

Haute-Marne.—Chauchard. Couvreux. Delarbre. Milhoux. Montrol. Toupot-de-Besvaux. Walferdin.

Mayenne. — Bigot. Boudet. Chambolle. Chenais. Dubois-Fresney (Joseph). Dutreil. Goyet-Dubignon. Jamet (Émile). Roussel (Jules).

Meurthe. — Adelsward (d'). Charon fils. Deludre. Ferry. Laflize. Leclerc. Liouville. Marchal. Saint-Ouen. Viox. Vogin.

Meuse. — Buvignier (Isidore). Chadenet. Étienne. Gillon (Paulin). Launois. Moreau. Salmon. M. Dessaux.

Morbihan. — Beslay. Crespel de la Touche. Dahirel. Daniélo. Dubodan. Fournas (de). Harscouet de Saint-Georges. Leblanc. Parisis. Perrien (Arthur de). Pioger (de). Rochejaquelein (de la).

Moselle. — Antoine. Bardin. Deshayes. Espagne (d'). Jean Reynaud. Labbé. Poncelet. Rolland (Gustave). Totain. Valette. Woirhaye.

Nièvre. — Archambault. Dupin. Gambon. Girard. Grangier de la Marinière. Lafontaine. Manuel. Martin. (Émile).

Nord. — Antony Thouret. Aubry. Bonte-Pollet. Boulanger. Choque. Corne. Delespaul. Descat. Desmoutiers. Desurmont. Dollez. Dufont. Duquesne. Farez. Giraudon. Hannoye. Heddebault. Huré. Lemaire (André). Lenglet. Loiset. Malo. Mouton. Négrier. Pureur. Regnard. Serlooten. Vendois.

Oise. — Barillon. Désormes. Flye. Gérard. Lagache. Leroux (Émile). Marquis (Donatien). Mornay (Jules de). Sainte-Beuve. Tondu du Metz.

Orne. — Charencey (de). [Corcelles (de). Curial. Druet-Desvaux. Gigon-Labertrie. Guérin. Hamard. Piquet. Tracy (Destutt de). Simphor-Vaudoré. Ballot.

Pas-de-Calais. — Bellard-Dambricourt. Cary. Cornille. Degeorge. Denissel. Emmery. Fourmentin. Fréchon. [Hérembault (de). Lantoine-Harduin. Lebleu. Olivier. Petit (de Bryas). Pierron. Pierret. Saint-Amour. Lenglet.

Puy-de-Dôme. — Altaroche. Astaix. Baudet-Lafarge. Bravard (Toussaint). Bravard-Veyrières. Charras. Combarel de Leyval. Girot-Pouzol. Gouttay. Jouvet. Jusserand. Lasteyras. Lavigne. Rouher. Trélat.

Basses-Pyrénées. — Barthe (Marcel). Boutocy. Condou. Dariste. Etcheverry. Laussat (de). Leremboure. Lestapis. Nogué. Renaud. Saint-Gaudens.

Hautes-Pyrénées. — Cenac. Deville. Dubarry. Lacaze (Bernard). Recurt. Vignerte.

Pyrénées-Orientales. — Arago (Emmanuel). Arago (Étienne). Guiter. Lefranc. Picas.

Bas-Rhin. — Boussingault. Bruckner. Champy. Chauffour. Dorlan. Engelhardt. Foy. Gloxin. Kling. Lauth. Liechtemberger. Martin (de Strasbourg). Schlosser. Westercamp. Culmann.

Haut-Rhin. — Bardy. Dolfus. De Hœckeren. Heuchel. Kestner. Kœnig. Prudhomme. Rudler. Stoecklé. Struch. Yves. Chauffour.

Rhone.—Auberthier. Benoit. Chanay. Doutre. Ferrouillat. Gourd. Greppo. Lacroix (J.). Laforest. De Mortemart. Mouraud. Paullian. Pelletier. Rivet.

Haute-Saone.—Angar. Dufournel. Grammont (de). Guerrin. Lélut. Millotte. Minal. Noirot. Signard.

Saone-et-Loire. — Bourdon. Bruys. Dariot. Jeandeau. Lacroix (A.). Martin Rey. Mathey. Mathieu. Menand. Petit-Jean. Pézerat. Reverchon. Rolland. Thiard (de).

Sarthe. — Beaumont (Gustave de). Chevé. Degousée. Gasselin (de Chantenay). Gasselin (de Fresnay). Hauréau. Lamoricière. Langlais. Lebreton. Lorette. Saint-Albin (Hortensius de). Trouvé-Chauvel.

Seine. — Albert. Arago (François). Berger. Blanc (Louis). Boissel. Buchez. Carnot. Caussidière. Changarnier. Coquerel. Corbon. Cormenin (de). Flocon. Fould (Achille). Garnier-Pagès. Garnon. Goudchaux. Guinard. Hugo (Victor). Lagrange. Lamartine (Alphonse de). Lamennais (de). Lasteyrie (Ferdinand de). Ledru-Rollin. Leroux (Pierre). Marie. Moreau. Perdiguier (Agricol). Peupin. Proudhon. Raspail. Vavin. Wolowski. Bonaparte (L.-N.).

Seine-Inférieure. — Bautier. Cécille. Dargent. Démarest. Desjobert. Dupin (Charles). Germonière. Girard. Grandin (Victor). Lebreton (Th.). Lefort-Gonssolin. Lavavasseur. Loyer. Morlot. Osmont. Randoing. Sénard. Thiers.

Seine-et-Marne. — Aubergé. Bastide (J.). Bavoux. Chappon. Drouin de Lhuys. Lafayette (G.). Lafayette (Oscar). Lasteyrie (J. de). Portalis (A.).

Seine-et-Oise. — Albert de Luynes (d'). Barthélemy

Saint-Hilaire. Berville. Bezanson. Durand. Flandin. Landrin. Lécuyer. Lefebvre. Pagnerre. Pigeon. Rémilly.

Deux-Sèvres. — Baugier. Blot. Boussi. Charles (aîné). Chevallon. Demarçay. Maichain. Richard (J.).

Somme. — Allart. Beaumont (de). Creton. Defourment. Delatre. Dubois (Am.). Gaultier de Rumilly. Labordère. Magnier. Morel-Cornet. Blin de Bourdon.

Tarn. — Boyer. Carayon-Latour. Marliave (de). Mouton. Puységur (de). Rey. Saint-Victor (de). Voisins (de).

Tarn-et-Garonne. — Cazalès (de). Delbrel. Detours. Faure-Dère. Malleville (de). Rous.

Var. — Alleman. André (Marius). Arène. Arnaud (Ch.). Baune (Edm.). Cazy. Guignes (Luc.) Maurel (Marcellin). Philibert.

Vaucluse. — Bourbousson. Gent. La Boissière (de). Pin (Elz.). Raspail (Eug.). Reynaud-Lagardette.

Vendée. — Bouhier de l'Écluse. Desfontaine (Guyet). Grelier-Dufougeroux. Lespinay (de). Luneau. Mareau. Parenteau. Rouillé. Tinguy (de).

Vienne. — Barthélemy. Bérenger. Bonnin. Bourbeau. Junyen. Pleignard. Drault. Jeudy.

Haute-Vienne. — Allègre. Bac (Théodore). Brunet. Coralli. Dumas. Frichon. Maurat-Ballange. Tixier.

Vosges. — Braux. Buffet. Doublat. Falatieu. Forel. Hingray. Houel. Huot. Najean. Turck. Boulay (de la Meurthe).

Yonne.—Carreau. Charton. Guichard. Larabit. Rampont. Rathier. Raudot. Robert (L.). Vaulabelle.

Algérie. — Barrot (Ferdinand). Didier. Prébois (de). Rancé (de).

Martinique. — Mazulime. Pory-Papy. Schœlcher.

Guadeloupe.—Dain (Charles). Louisy-Mathieu. Perrinon.

Sénégal. — Durand-Valentin.

HISTOIRE

DE

L'ASSEMBLÉE NATIONALE CONSTITUANTE.

LIVRE PREMIER.

I.

Le 4 mai 1848 était le jour fixé pour l'ouverture de l'Assemblée nationale constituante.

On raconte qu'en 1789, à pareil jour, les membres des États-généraux suspects à la cour erraient dans les rues de Versailles, en demandant un local pour se réunir. Il n'en fut pas de même en 1848. Le Gouvernement provisoire avait fait construire à la hâte une salle spacieuse, d'un style sévère, et au lieu d'une cour capricieuse et irritée par leur présence, les représentants ne rencontrèrent sur leur route qu'une population confiante et sympathique.

Ils arrivaient des divers points du territoire, et comme ils portaient avec eux les destinées de la France, on conçoit que la curiosité devait s'attacher à leurs personnes. Beaucoup d'entre eux étaient jeunes et ardents; les noms du plus grand nombre étaient encore inconnus, et parmi ceux dont la renommée s'était emparée déjà, le public aimait à retrouver les chefs audacieux de cette petite armée républicaine, qui, pendant dix-huit ans, avait fait une guerre acharnée à la royauté, se servant tour à tour de la plume ou du fusil, et apportant devant la Cour des pairs, aux Assises, dans les prisons, une impétuosité et une abnégation sans égales.

C'étaient Barbès, Trélat, Marrast, Dornès, Flocon, Vignerte et tant d'autres qui, hier encore journalistes ou conspirateurs, se trouvaient tout à coup investis de la plus importante des missions, celle de constituer légalement la République, improvisée par le peuple sur les barricades de Février.

On distinguait aussi quelques hommes éminents, tels que Béranger, Lamennais, le Père Lacordaire, et ce n'était pas sans un certain étonnement qu'on retrouvait dans cette enceinte des hommes d'État vieillis au service de la monarchie et plus propres aux intrigues parlementaires sans grandeur, sans élévation, toujours terre à terre, qu'aux solennelles discussions de principes qui allaient s'engager.

Mais ce qui absorbait l'attention du public et surtout de l'Assemblée, c'était le Gouvernement provisoire. Chose bizarre! il avait traversé les jours les plus difficiles, il avait maintenu la paix dans Paris bouleversé; tous ses actes étaient marqués au coin d'une audacieuse honnêteté; on n'avait pas une goutte de sang, pas une persécution à lui reprocher, et déjà cependant il était couvert des malédictions de la classe moyenne, et, sans lui tenir compte des malheurs qu'il avait empêchés, on lui reprochait avec amertume de n'avoir pas accompli des prodiges, fondé des institutions, comblé toutes les espérances et réalisé tous les progrès. Comme si la société pouvait être régénérée dans un jour, et s'il avait dépendu de quelques hommes portés au pouvoir par la révolution et maintenus pendant deux mois à l'Hôtel-de-Ville, au milieu des circonstances les plus critiques, de demandes impérieuses et d'agitations incessantes, d'organiser une administration régulière!

Les partis sont injustes. Ils demandent aux jours de révolution ce que les années de calme et de paix peuvent à peine leur donner, et de flatteurs qu'ils étaient au moment du danger, ils deviennent bientôt arrogants et calomniateurs.

C'est surtout contre le Gouvernement provisoire que la haine se montrait aveugle et impitoyable. Ses discussions intérieures étaient divulguées et travesties ; on racontait des scènes étranges qui se seraient passées à l'Hôtel-de-Ville, et la calomnie ne craignait pas même de descendre jusque dans la vie privée de quelques-uns de ses membres.

On disait que les discussions les plus orageuses s'élevaient entre eux à chaque instant, que c'était l'injure à la bouche et les armes à la main qu'ils traitaient les affaires de la France.

Celui-ci trouvait le temps de satisfaire des goûts de luxe et des passions dépravées ; celui-là avait trouvé dans le trésor public le moyen d'assouvir sa cupidité et de réparer sa fortune délabrée ; tel autre avait nourri des projets de dictature et rêvé d'asseoir je ne sais quel trône sur les pavés mouvants des barricades.

Ces bruits semés à l'avance dans le public, se répandirent avec une habileté perfide dans les premiers jours du mois de mai. Ils avaient pour but d'indisposer l'Assemblée et de la forcer à se débarrasser dès les premiers jours, d'un pouvoir dont l'origine seule était un crime pour les intrigants qui commençaient à s'agiter dans l'ombre.

Les calomnies avaient d'abord porté sur M. Ledru-Rollin. On était parvenu à le dépopulariser en exaltant M. de Lamartine. Ce serait bientôt à ce dernier à subir les calomnies des royalistes; mais à ce moment il fallait surtout désunir et briser le Gouvernement provisoire. Ce fut l'objet de la première intrigue ourdie dans l'Assemblée.

II.

Un soleil magnifique éclairait Paris au moment où s'ouvrit la séance de l'Assemblée. Depuis le matin tous les abords du Palais-Bourbon, la place de Bourgogne, les quais, le pont et la place de la Concorde étaient couverts d'une foule nombreuse. Un sentiment de curiosité réfléchie se peignait sur tous les visages ; le peuple comprenait admirablement que ce n'était pas un spectacle vulgaire, et qu'il s'agissait en ce moment de ses destinées et de son bonheur. Au milieu de ses acclamations, on eût dit qu'il se mêlait un sentiment de défiance, et, trompé tant de fois, peut-être se disait-il alors qu'il ne fallait pas accorder une confiance aveugle, même à ceux qui tenaient le pouvoir de son suffrage…. Peut-être se souvenait-il qu'à cette même place, il y avait dix-huit ans, des hommes passaient aussi, portés pour ainsi dire par son amour et ses acclamations, dans ce palais qu'ils n'avaient pas tardé à souiller par leur apostasie.

M. Audry de Puyraveau, un vétéran de la liberté, un combattant de juillet, ruiné, exilé et persécuté depuis, occupait comme doyen d'âge le fauteuil de la présidence. Il était une heure et demie lorsque les membres du Gouvernement provisoire et les ministres furent introduits dans l'Assemblée. Le vénérable M. Dupont (de l'Eure), ce dictateur de l'estime publique, était à leur tête. Ils se rangèrent au pied de la tribune et alors, par un élan spontané, unanime, tous les représentants s'unirent dans le cri longtemps répété de *vive la République !*

C'était un imposant spectacle que cette unanimité de tout un peuple dans la personne de ses représentants. On pouvait prédire alors à la

France de longs jours de paix, d'union et de concorde, et plus d'un cœur honnête dut être inondé de joie en songeant aux magnifiques destinées de la patrie... Hélas! pourquoi de funestes divisions, des dissensions cruelles doivent-elles assombrir bientôt ce touchant tableau?

Cette acclamation unanime était un fait immense. Elle prouvait que la nation tout entière acceptait la République; c'était la consécration légale de la Révolution de Février. Désormais les partis seraient impuissants à protester contre la forme républicaine; ils avaient contre eux le fait et le droit devenus solidaires et étroitement unis.

Voici en quels termes M. Dupont (de l'Eure) déposa, entre les mains de l'Assemblée, le pouvoir illimité dont la Révolution avait investi le Gouvernement provisoire. L'histoire se plaît à enregistrer ces déclarations, car il n'est rien d'aussi rare que les pouvoirs qui finissent avec calme et dignité.

« Citoyens représentants du peuple, le Gou-
» vernement provisoire de la République vient
» s'incliner devant la nation et rendre un hom-
» mage éclatant au pouvoir suprême dont vous
» êtes investis.

» Élus du peuple! soyez les bien venus dans

» la grande capitale où votre présence fait naître
» un sentiment de bonheur et d'espérance qui ne
» sera pas trompé.

» Dépositaires de la souveraineté nationale,
» vous allez fonder nos institutions nouvelles
» sur les larges bases de la démocratie, et don-
» ner à la France la seule constitution qui puisse
» lui convenir, une constitution républicaine. »
(Acclamations unanimes et prolongées. *Vive la République.*)

» Mais après avoir proclamé la grande loi poli-
» tique qui va constituer définitivement le pays,
» comme nous, citoyens représentants, vous vous
» occuperez de régler l'action possible et efficace
» du Gouvernement dans les rapports que la né-
» cessité du travail établit entre tous les citoyens,
» et qui doivent avoir pour bases les saintes lois
» de la justice et de la fraternité. » (Applaudissements et nouveaux cris de *vive la République!*)

« Enfin, le moment est arrivé pour le Gouver-
» nement provisoire de déposer entre vos mains
» le pouvoir illimité dont la Révolution l'avait in-
» vesti. Vous savez si pour nous cette dictature
» a été autre chose qu'une puissance morale,
» au milieu des circonstances difficiles que nous
» avons traversées.

» Fidèles à notre origine et à nos convictions
» personnelles, nous n'avons pas hésité à procla-
» mer la République naissante de Février. » (Les
cris de *vive la République, vive le Gouvernement provisoire*, et les applaudissements éclatent
sur tous les bancs et dans les tribunes publiques.)

« Aujourd'hui, nous inaugurons les travaux
» de l'Assemblée nationale à ce cri qui doit tou-
» jours la rallier : *Vive la République!...* » (Les
acclamations et les applaudissements recommencent avec une nouvelle énergie.)

La voix affaiblie du vieillard qui prononçait ces mémorables paroles, arrivait cependant dans toutes les parties de l'enceinte. On sentait en l'écoutant que les années étaient impuissantes à glacer ce cœur si dévoué, et qu'il brûlerait jusqu'à la fin du feu de l'enthousiasme. Et ce n'était pas ce qu'il y avait de moins saisissant, dans ce solennel spectacle, que la présence de M. Dupont (de l'Eure) portant courageusement le poids des affaires publiques, et acceptant à son âge les soucis et la responsabilité du pouvoir.

On l'avait vu après Février supporter les fatigues de ces grandes journées révolutionnaires, si remplies d'émotions et quelquefois de périls ; dans une cérémonie publique, à la Bastille notamment, assis sur un tambour, par un froid excessif, couvert de neige et de givre, il avait donné l'exemple de tout ce qu'une volonté forte peut avoir d'empire sur la nature. Et, dans le conseil, quelle n'était pas son activité, sa résolution et sa persévérance!...

Tous ses collègues racontent qu'il ne consentit jamais à répudier sa part de travail et de fatigues, et que sa parole honnête, prudente et modeste ne manquait aucune occasion de peser heureusement dans les délibérations.

Noble exemple pour cette foule de jeunes hommes entrés inopinément dans la vie politique, que la longue carrière de M. Dupont (de l'Eure)! Combien elle prouve que la probité politique n'est pas chose aussi vulgaire qu'on se plaît à le dire! Nous le retrouverons, pendant tout le cours des travaux de la Constituante, assidu aux séances, entourant de ses excellents conseils quelques jeunes représentants groupés autour de lui, donnant le précieux patronage de son nom à une réunion importante, et apportant, aux applaudissements de l'Assemblée, le poids de sa parole, dans une occasion solennelle.

III.

Cette grande manifestation du 4 mai ne pouvait pas se concentrer tout entière dans l'enceinte du palais législatif. Elle était trop étroite pour contenir le peuple accouru, et il demandait à unir ses acclamations à celles des représentants.

Le général Courtais, commandant supérieur des gardes nationales de la Seine, propose au Gouvernement provisoire et à l'Assemblée de se rendre sur le pérystile du palais ; M. Babaud-Laribière appuie cette motion et demande que la République soit proclamée à la face du soleil, en présence de l'héroïque population de Paris ; une immense acclamation accueille ces propositions, et quelques instants après les représentants du peuple et les membres du Gouvernement provisoire, groupés sur les degrés du palais, en face de la foule qui couvre les quais, les ponts, la place de la Concorde, le jardin des Tuileries, proclament la République par un cri que répètent cent mille voix.

Cette proclamation improvisée fut magnifique, comme toutes les fêtes où le peuple apporte son enthousiasme. Les drapeaux agités, toutes les mains tendues vers le ciel, toutes les voix unies dans une seule et même acclamation, un soleil splendide éclairant cette scène, enfin le peuple, la nature et Dieu, voilà ce qui se trouvait réuni!..

IV.

L'Assemblée avait hâte de se constituer. Elle le fit dans la seconde séance, en procédant à l'élection des membres du bureau.

M. Buchez fut proclamé président. C'était un penseur honnête et connu par de nombreux travaux philosophiques et historiques; son nom fut accepté, comme une transaction, par les diverses opinions qui commençaient à se faire jour. Les républicains avancés trouvaient en lui l'historien qui avait réhabilité le comité du salut public et les montagnards de la Convention, tandis que la portion la plus timide de l'Assemblée, ceux qui formeraient bientôt le parti de la réaction, affectaient de choisir le philosophe catholique. M. Buchez ne convenait absolument ni aux uns ni aux autres. Nous verrons plus tard si son caractère et la nature de son talent le rendaient apte à cette difficile et éminente fonction.

L'élection des officiers de l'Assemblée fit comprendre la nécessité de se classer, car il y avait dans cette Assemblée tant d'éléments disparates, des opinions si contraires, qu'on ne pouvait concevoir l'espérance de conserver plus longtemps l'unanimité qui avait présidé aux premières résolutions.

Une réunion des représentants les plus avancés, de ceux qui, sous la monarchie, avaient combattu pour la République, eut lieu à diverses reprises dans le 14e bureau de l'Assemblée, dit salon de Mirabeau, sous la présidence et sur la convocation de M. Flocon.

C'est en face du magnifique tableau du Jeu de Paume de Gros, que se trouvèrent réunis les membres les plus ardents de l'Assemblée, parmi lesquels on distinguait Ledru-Rollin, Jean Raynaud, Dornès, Louis Blanc et tant d'autres qu'attendaient avant peu des fortunes bien diverses. Nous aurons à raconter plus tard l'histoire des diverses réunions de représentants, et à dire leur influence sur les travaux de l'Assemblée ; constatons seulement à présent que, dans ces premières entrevues, plusieurs se signalèrent par leur exaltation et leur audace, qui devaient bientôt abandonner et calomnier la cause de la Révolution. Il y eut là plus d'un tribun à la parole âpre, aux motions énergiques, qui devait plus tard apporter dans un autre camp son exagération et sa faconde.

MM. Emmanuel Arago, Dupont (de Bussac), Ferdinand Gambon, Pascal Duprat, Woirhaie, etc., prirent une large part à la discussion. Le dernier surtout se faisait remarquer par son langage emporté et par ses protestations énergiques en faveur des principes démocratiques, ce qui lui valut d'être porté par les républicains à la vice-présidence de l'Assemblée et plus tard à la présidence du comité de l'intérieur.

La principale question qui fut agitée dans ces premières réunions, fut celle de la constitution du pouvoir.

L'Assemblée concentrerait-elle tous les pouvoirs dans son sein et gouvernerait-elle comme la Convention, par l'organe de ses comités?...

Déléguerait-on, au contraire, le pouvoir exécutif à un ou à plusieurs citoyens?...

Ou bien laisserait-on au Gouvernement provisoire le poids des affaires jusqu'après le vote de la Constitution?...

Telles furent les trois combinaisons sur lesquelles s'ouvrit la discussion.

La première, qui était la seule parfaitement logique et raisonnable, ne fut pour ainsi dire pas appuyée. Déjà des insinuations ambitieuses s'étaient fait jour, et il aurait fallu pour la soutenir une autorité de parole qui manquait à ses partisans, hommes simples et naïfs, mettant la raison et la logique avant le calcul et l'intrigue, et ne s'apercevant pas encore, tant leur bonne foi était aveugle! que les ambitions étaient en jeu et que la guerre des portefeuilles était commencée.

Restait la proposition de conserver le Gouvernement provisoire. Elle pouvait, à tout prendre, satisfaire aux exigences de la situation et permettre à l'Assemblée de discuter et de voter la Constitution en dehors des crises ministérielles; elle fut écartée parce que, même au sein du parti républicain, on voulait se défaire de certains hommes du Gouvernement provisoire, notamment de MM. Louis Blanc et Albert, qui représentaient plus particulièrement l'opinion socialiste.

On s'arrêta à la combinaison moyenne, la plus

détestable de toutes, car elle ne pouvait satisfaire aucune exigence et aucun parti.

Il fut décidé que le pouvoir exécutif serait confié à une commission de cinq membres, et MM. Jean Raynaud, Trélat et Dornès furent chargés de proposer cette résolution à l'Assemblée.

Ils le firent dans la séance du 8 mai; la question fut examinée précipitamment le 9, le nombre des membres de la commission exécutive fut fixé à cinq, et dans la séance du 10 ils furent élus.

V.

Ce scrutin était significatif. Il indiquait les tendances de l'Assemblée et combien déjà les idées rétrogrades avaient fait d'immenses progrès.

Louis Blanc fut écarté; Ledru-Rollin ne dut sa nomination qu'aux efforts de Lamartine, dont l'influence et la popularité furent ébranlées par cet acte de courageuse générosité.

M. de Lamartine avait compris que si, Louis Blanc une fois écarté, Ledru-Rollin était exclu du pouvoir, il se constituerait à l'instant au sein de l'Assemblée une opposition énergique, redoutable, dangereuse, pensait-il, pour les destinées naissantes de la République ; il résolut de l'empêcher même au prix de ce dont il était le plus jaloux, sa popularité. Sans doute à ce motif se joignaient aussi des sentiments d'estime et d'affection pour son collègue, car jamais le grand orateur ne fut mieux inspiré.

Tous les ressentiments de la bourgeoisie royaliste s'étaient concentrés sur la personne de M. Ledru-Rollin. On ne lui pardonnait pas ses convictions républicaines de la veille, et sans doute parce que le tribun, qu'on eût préféré farouche, s'était montré bienveillant et faible, on se plaisait à lui donner tous les emportements révolutionnaires, toutes les intentions subversives dont son âme était incapable. Il était devenu le bouc émissaire de la Révolution.

Fougueux dans sa parole, mais faible dans ses actes, on le disait résolu et presque cruel. Parce qu'on le savait républicain depuis longtemps, il devait être un sectaire inflexible. Les ennemis de la République comprenaient très-bien au reste, qu'en le déconsidérant c'était au cœur de la Révolution que portaient leurs atteintes ; aussi ne s'y étaient-ils pas épargnés.

Injures, suppositions, calomnies, ils avaient tout employé pour l'abattre.

Tantôt c'était un infâme débauché, un joueur perdu de dettes, qui ne recherchait le pouvoir que pour assouvir ses passions et réparer sa fortune; une autre fois, on le dépeignait comme le partisan fanatique des plus odieux principes, rêvant une société d'où la morale serait exclue, où la propriété serait abolie, où Dieu ne serait pas reconnu, où la famille ferait place à de monstrueux et passagers accouplements. Je ne sais quelles extravagances étaient répandues sur son compte.

M. de Lamartine avait à lutter contre ces terribles préventions et ces affreuses calomnies. Il le fit dans un langage élevé et avec l'éloquence du cœur.

« Eh quoi ! s'écriait-il en parlant du Gouver-
» nement provisoire, après avoir fait ainsi en com-
» mun, après que nous nous serions séparés hier
» pleins d'estime les uns pour les autres, malgré
» des dissentiments bien plus présumés que réels;
» quand nous nous sommes séparés pleins de
» confiance, et peut-être de reconnaissance les
» uns envers les autres; quand l'histoire un
» jour viendrait à vous dire par quels sacrifices

» réciproques, par quelle immolation de nos
» sentiments et de nos désirs personnels nous
» sommes arrivés à ce concours qui a été le
» salut commun, nous viendrions le lendemain
» combattre ici, juger, peut-être accuser, au gré
» de telle ou telle passion, les collègues que nous
» avions la veille, les amis avec lesquels nous
» gouvernions le pays !... Non, citoyens, c'est là
» un rôle que vous ne pouvez pas demander à un
» homme d'honneur..... »

La commission du pouvoir exécutif fut composée de MM. François Arago, Garnier-Pagès, Marie, Lamartine et Ledru-Rollin. Elle choisit pour ministres MM. Crémieux à la Justice, Bastide aux Affaires étrangères, Cazy à la Marine, Recurt à l'Intérieur, Carnot à l'Instruction publique, Trélat aux Travaux publics, Flocon à l'Agriculture, Duclerc aux Finances, Bethmont aux Cultes. MM. Jules Favre, Charras, Carteret, Jean Raynaud, devinrent sous-secrétaires d'État des Affaires étrangères, de la Guerre, de l'Intérieur et de l'Instruction publique. Enfin M. le général Cavaignac qui était encore en Afrique, fut nommé, quelques jours après, ministre de la Guerre.

VI.

Le pouvoir une fois constitué, l'Assemblée devait choisir les membres de la commission de constitution. Elle était très-préoccupée de ce choix dont elle comprenait toute l'importance; déjà les listes circulaient et chacun discutait le mérite des candidatures, lorsqu'un événement terrible, imprévu, l'envahissement et la dissolution brutale de l'Assemblée, vint jeter la consternation dans tous les esprits..

La nouvelle s'était répandue qu'une manifestation en faveur de la Pologne serait faite, le 15 mai, par les différents clubs de Paris. Il s'agissait d'une pétition à apporter à l'Assemblée, et déjà l'inquiétude était dans beaucoup d'esprits, car les souvenirs se reportaient naturellement à cette époque de la Convention, où les pétitionnaires pesaient d'un si grand poids sur ses délibérations. On se rappelait ces longues processions d'hommes armés et menaçants défilant à la barre, et ces sinistres journées où la Commune ébranlait tout Paris pour intimider et dominer la Représentation nationale.

C'est sous l'empire de ces tristes souvenirs que le décret du 12 mai, interdisant d'apporter en personne des pétitions à la barre, fut adopté.

Mais un décret était impuissant pour calmer les frayeurs. On savait bien que les factieux ne s'arrêtent pas devant un texte de loi et que, quand il est soulevé, entraîné, le peuple n'hésite pas à franchir d'aussi faibles obstacles.

Si la manifestation devait être révolutionnaire et violente, le prétexte était, il faut en convenir, admirablement choisi. Le nom de la Pologne est très-sympathique à la population parisienne : les malheurs de cette nation, son héroïsme, sa fidélité à l'époque de nos revers, tout la rend digne d'intérêt, le peuple la met toujours de moitié dans ses espérances, et ne désire rien tant que de la voir rétablie comme nation libre et indépendante.

Le dimanche 14 mai, les représentants qui s'étaient d'abord réunis au 14e bureau, se trouvaient dans une maison de la rue des Pyramides, celle précisément qui est adjacente au local qu'occupait Sobrier. La réunion était définitivement constituée, et M. Joly (de la Haute-Garonne), en avait été élu le président.

Il n'est pas indifférent de dire que quelques représentants, ceux qu'on désignait sous le nom de socialistes, s'étaient déjà séparés pour se grouper autour de M. Louis Blanc.

Il était deux heures de l'après-midi ; on venait de discuter la liste des candidats pour la commission de constitution, et déjà le scrutin était ouvert, lorsque MM. Detours et Greppo arrivèrent. Ils venaient de chez Louis Blanc, et apportaient la liste arrêtée par les socialistes, demandant s'il ne serait pas possible de s'entendre et de se concerter sur les mêmes noms.

Comme la manifestation annoncée pour le lendemain était la grande préoccupation du moment, on leur demanda s'ils en avaient entendu parler et quelle part devaient y prendre leurs amis de Paris, et notamment le club présidé par Barbès et les sections des Droits de l'Homme ! Ils répondirent que la manifestation devait être tout à fait pacifique, qu'on en avait en effet longuement parlé chez Louis Blanc, mais que, même avec ce caractère, Barbès et Louis Blanc y étaient tout à fait opposés. Ils la considéraient comme inutile pour la Pologne et dangereuse pour la République, car elle fournirait inévitablement un prétexte à la réaction qui s'organisait déjà dans le sein de l'Assemblée.

M. Detours raconta que Louis Blanc et Barbès avaient longuement démontré le danger de cette manifestation, et qu'ils étaient sortis dans le but de parcourir Paris et de la faire avorter.

Cette explication calma les esprits inquiets, et on se sépara en se donnant rendez-vous pour le soir à une réunion qui devait avoir lieu dans la bibliothèque du Conseil d'État, sous la présidence de M. Armand Marrast, maire de Paris.

Dès cette époque, M. Marrast excitait beaucoup de défiance. Il était peu sympathique au parti républicain, et il lui a fallu une bien grande habileté pour arriver et se maintenir au poste éminent qu'il a occupé dans l'Assemblée.

Soit besoin véritable de se connaître et de discuter, soit désir d'approcher le maire de Paris, de sonder ses desseins, d'étudier cette nature souple et presque insaisissable, de voir enfin cet homme dont chacun admirait le talent et dont presque tous disaient tant de mal, la réunion du Conseil d'État fut très-nombreuse.

Il s'agissait de la politique extérieure. La réunion se prononça, à une immense majorité, pour la guerre immédiate en faveur de l'Italie et de la Pologne. Ce parti extrême avait trouvé de chaleureux promoteurs dans MM. Ducoux, Degeorge et

Armand Marrast. Une seule voix s'éleva pour combattre la guerre en principe général et pour demander que, dans l'occurrence, on ne se précipitât pas en aveugle dans une guerre européenne où la liberté et la République trouveraient peut-être leur tombeau. Ce fut la voix de celui qui raconte aujourd'hui ces événements.

Il fallait, disions-nous, améliorer la condition du peuple, fonder les institutions démocratiques, développer la paix et la rendre féconde, plutôt que de nous jeter dans des hasards où s'épuiseraient nos forces et nos trésors. La guerre ne devait plus être qu'une exception extrême et malheureuse ; il suffirait d'une attitude ferme et digne en présence des gouvernements de l'Europe, qui n'avaient pas plus que nous le désir et la faculté de faire la guerre.

Tout fut inutile. Cette politique fut taxée d'anti-républicaine, de matérialiste, et, lorsque nous invoquions à son appui l'opinion de Maximilien Robespierre qui était bien apparemment spiritualiste et républicain, nos guerriers enthousiastes ne trouvèrent rien de mieux à répondre, si ce n'est qu'un exutoire était indispensable, qu'il fallait trouver un écoulement pour la population exubérante et un aliment pour l'imagination du peuple.

M. Marrast, interrogé, comme maire de Paris, sur la manifestation du lendemain, répondit qu'elle n'aurait rien de sérieux et d'hostile, qu'elle serait très-pacifique et qu'il ne fallait pas la redouter.

Cependant, en sortant, M. Joly disait à deux de ses collègues : « Ne vous y fiez pas ; j'ai dé-
» jeuné ce matin à l'Hôtel-de-Ville avec Marrast,
» et il m'a montré un rapport de police annonçant
» que la manifestation serait formidable et hos-
» tile à l'Assemblée... »

Était-ce trahison de la part du maire de Paris ?.. Non. On aurait tort de le croire. Cette contradiction dans ses paroles s'explique aisément par une certaine versatilité d'humeur, qui se mêle chez cet homme d'esprit à une grande habileté. M. Marrast n'a peut-être pas toute l'énergie et toute la sévérité de conduite nécessaires à l'exercice d'une haute magistrature politique ; mais, à coup sûr, il est incapable de trahison et d'infamie. Esprit charmant, très-propre aux intrigues diplomatiques, il n'a point cette sombre ardeur et cette volonté implacable qui dirigent les traîtres et les conspirateurs.

VII.

La commission exécutive s'établit au Petit-Luxembourg. Ce fut une faute. La solitude de ce palais bâti par le cardinal de Richelieu pouvait convenir à des amours princières, mais n'était nullement propre au siége d'un gouvernement républicain. Il rappelait trop le plus méprisable et le plus méprisé des pouvoirs qui fut jamais, le Directoire.

Il existe des traditions, des préjugés même que les gouvernants ont toujours tort de méconnaître. Ainsi le peuple de Paris est accoutumé à trouver le pouvoir régulier, normal, installé aux Tuileries, et le pouvoir révolutionnaire siégeant à l'Hôtel-de-Ville; vous ne lui ferez pas accepter facilement comme une puissance véritable celle qui s'établit partout ailleurs.

Pourquoi donc, depuis la révolution de Février, s'être obstiné à laisser le palais des Tuileries vide et comme dans l'attente? N'était-ce pas provoquer pour ainsi dire l'ambition d'un prétendant, et n'aurait-il pas mieux valu, le jour où le Gouvernement provisoire achevait sa tâche, y installer l'Assemblée nationale et le pouvoir exécutif, que de les séparer et les promener dans tous les quartiers de Paris ?

Il y avait au reste pour la commission exécutive, un inconvénient grave et même un péril à se trouver séparée de l'Assemblée constituante, qui conservait la plénitude de la souveraineté. Il eût été prudent, pour ne pas diviser la défense et pour ne pas éparpiller les forces militaires, que tous les pouvoirs fussent concentrés sur un seul point, et la commission était trop dépendante de l'Assemblée pour n'avoir pas besoin de s'immerger pour ainsi dire à chaque instant dans son sein. Le Palais-Bourbon lui aurait offert un logement moins somptueux, il est vrai; mais ses membres y auraient à coup sûr gagné en considération ce qu'ils eussent perdu en confortable.

Car on ne manqua pas de dire que c'était pour se dérober à la surveillance des mandataires du peuple qu'elle s'exilait à l'extrémité de Paris. Ce qui donnait encore créance à ces bruits, c'est qu'on avait vu des tapisseries, des tableaux, des meubles de la couronne transportés au Luxembourg, luxe peu convenable pour un pouvoir républicain, d'origine populaire et tout à fait transitoire. Les habitudes sévères et laborieuses des membres de la commission devaient être au-dessus du soupçon, et il y avait bien assez d'esprits disposés à les travestir et à les critiquer, sans fournir encore tous ces prétextes futiles, dont la malignité et la crédulité du public sont si promptes à s'emparer.

VIII.

Le 15 mai, M. Wolowski était à la tribune, parlant en faveur de la Pologne, lorsqu'un grand tumulte se fit au dehors. C'était le peuple qui, après avoir parcouru les boulevards, descendait à flots pressés vers l'Assemblée.

Il y eut sur tous les bancs un frémissement non pas de crainte, mais de recueillement, comme à l'approche d'un grand danger. Chacun semblait s'affermir dans la résolution de rester calme et d'accomplir son devoir jusqu'au bout.

Cette journée est la plus belle page de l'histoire de l'Assemblée.

Le bruit de la foule qui ressemble tant à celui de l'Océan, devenait plus grand et plus distinct. Chacun sentait, pour ainsi dire, que le palais était de plus en plus enveloppé et pressé par les masses ; une détonation d'arme à feu éclata dans une cour intérieure ; des pas nombreux et précipités se firent entendre dans les couloirs silencieux encore il n'y avait qu'un instant ; les portes des tribunes publiques s'ébranlèrent sous des coups redoublés ; on vit paraître dans la tribune diplomatique la bannière des blessés de Février ; au même instant, toutes les portes du haut, du bas, celles qui conduisaient au pied de la tribune, vomirent une foule haletante, et il suffit d'un instant pour que l'Assemblée fût tout entière envahie.

C'était d'abord un spectacle confus et presque effrayant. Tous ces hommes, pour la plupart en blouses bleues, en cravates rouges, promenaient sur l'Assemblée des yeux effarés. Ils étaient couverts de poussière et de sueur, et exténués de fatigue. Ceux qui étaient entrés par les tribunes publiques, désireux de descendre dans l'enceinte, se suspendaient aux trophées de drapeaux qui décorent le pourtour et se laissaient tomber sur les tapis de la salle qui résonnait sourdement sous leur chute. On eût dit des cariatides vivantes suspendues aux murailles.

Il y eut un moment où un cri d'effroi partit des bancs des représentants. On voyait la tribune, à droite de l'horloge, s'affaisser peu à peu, et prête à entraîner dans la salle la masse qui se pressait dans son étroite enceinte.

Les dames, surprises par l'envahissement, effrayées et foulées, mêlaient leurs cris au tumulte général, et le président et les représentants qui essayaient de prendre la parole, étaient impuissants à se faire entendre.

Il n'y avait qu'un parti raisonnable ; il fut pris instinctivement par tous les membres de l'Assemblée : c'était de rester calmes, d'attendre avec impassibilité la suite de cette orgie populaire et de laisser s'user par leur excès même ces passions, ce tumulte, cette frénésie pour l'instant impossible à réprimer, car elles ne connaissaient plus de bornes.

Quelques individus parmi la foule firent des efforts inouïs pour dominer le bruit et se faire entendre. Leur voix se perdait impuissante dans cette vaste enceinte où mille cris divers s'élevaient et se croisaient à la fois. Quelques-uns d'entre eux se faisaient remarquer par leur stature athlétique, par leur air martial, par leurs gestes impérieux. On distingua un pompier qui, un drapeau à la main, entra dans la tribune diplomatique, franchit la balustrade et bondit dans la salle. Un homme, véritable colosse, à la barbe épaisse et flottante, aux manches retroussées qui laissaient voir des bras athlétiques, attira quelques moments les regards; il s'était laissé glisser du haut de la tribune des journalistes. Mais, comme à la marée montante, les flots humains se pressaient rapides et tumultueux, sans laisser aux regards le temps de rien fixer.

IX.

La foule, en arrivant devant la grille du côté du pont de la Concorde, avait rencontré quelques représentants, notamment le général Courtais, avec lesquels elle était entrée en pourparlers. Elle ne demandait alors qu'à envoyer des délégués à l'Assemblée pour déposer les pétitions; l'ordre même qui régnait dans ses rangs, dont la longue file s'étendait jusque sur les boulevards, pouvait permettre de détourner le mouvement et de le réduire à une manifestation inoffensive.

Malheureusement aucune autorité n'était là.

Les membres de la commission exécutive, retirés au Luxembourg, ignoraient tout.

Le président de l'Assemblée, faible par caractère, trompé sur l'importance de la manifestation, décidé à accomplir son devoir, puisant dans ses souvenirs historiques des motifs de s'affermir sur son siége, et voyant peut-être déjà promener sous ses yeux la tête d'un nouveau Féraud, était cependant l'homme le plus inhabile pour conjurer un pareil événement. Son excessive bonté, sa confiance extrême, sa bonhomie même étaient autant d'obstacles pour empêcher d'arriver jusqu'à lui ces indices d'émeutes et de soulèvements que la police recueille dans les lieux les plus impurs, dans les bas-fonds de la société, et dont il faut cependant tenir compte lorsqu'on gouverne. Accoutumé à juger les causes philosophiques des révolutions, M. Buchez est très-excusable de n'avoir ni soupçonné, ni réprimé un mouvement qui, dans son développement, trompait toutes les prévisions.

Ce qui paraît plus extraordinaire, c'est que

le maire de Paris, qui était averti, n'ait pas conjuré l'orage en dévoilant le complot à la commission exécutive ; ce qu'on est étonné de ne pas rencontrer non plus, c'est l'action préventive et répressive du préfet de police.

On dirait que tout concourt à favoriser la manifestation.

La commission exécutive est dans une ignorance inexplicable.

Le président de l'Assemblée est impuissant.

Par humanité, le général Courtais ordonne à la garde mobile d'enlever les baïonnettes ; il fait ouvrir la grille contre laquelle des malheureux étaient écrasés.

Le maire de Paris, qui sait tout, reste silencieux !

On n'aperçoit pas le préfet de police !

Enfin, l'Assemblée, abandonnée dans la salle de ses séances, est envahie, violée, bouleversée sans que la moindre résistance fasse obstacle à cet attentat ; sans que même la sommation d'un commissaire de police constate le droit violé par les factieux.

Maintenant, quel était le but de la manifestation ! devait-elle aboutir à la dissolution de l'Assemblée nationale ?...

Évidemment non. La Pologne n'était point un

vain prétexte, et c'était bien sa cause sacrée qui seule avait ébranlé cette masse de peuple. S'il y avait eu un dessein prémédité contre l'existence de l'Assemblée nationale, le coup eût été décidé dès le premier instant, et nous n'aurions pas assisté à cette scène tumultueuse où, durant trois heures, les motions les plus étranges furent portées à la tribune.

Ce qu'il faut reconnaître, c'est que les factieux ne s'attendaient pas à pénétrer aussi facilement dans l'Assemblée nationale, et, qu'une fois maîtres de la tribune, ne rencontrant qu'une opposition passive et, au lieu de contradicteurs, des hommes muets et impassibles, ils s'enivrèrent de leur triomphe et arrivèrent progressivement à la dissolution de l'Assemblée.

Un fait entre mille prouve bien que, même dans la pensée des chefs du mouvement, il ne s'agissait que d'une pétition en faveur de la Pologne. MM. Freslon et Charton étaient assis sur un banc de la gauche, et, pendant que Blanqui discourait à la tribune, ils se montraient l'un à l'autre les principaux acteurs de la sédition. Où est donc Sobrier?.. dit à demi-voix M. Charton? — C'est moi, répondit un homme debout auprès de lui. — Ma foi, lui dit alors M. Charton, je vous croyais plus fort en économie sociale ; mais écoutez donc ce que vous débite Blanqui ; comment, vous acceptez de pareilles doctrines ? Sobrier prête un instant l'oreille et il s'écrie : — Mais, Blanqui, il ne s'agit pas de cela; la Pologne, la Pologne, parle donc de la Pologne !...

Il ne s'agissait en effet que de la Pologne, et Blanqui fut le premier qui, se croyant maître du terrain, eut la pensée de faire sortir une révolution de ce qui n'était encore qu'une scène de tumulte sans caractère déterminé.

Déjà Louis Blanc avait été sollicité par plusieurs personnes de s'interposer entre la foule et la souveraineté nationale. On espérait que sa parole, aimée et respectée par les ouvriers, parviendrait à les calmer. Il était trop tard. Pendant longtemps il avait résisté, prévoyant peut-être qu'il allait se perdre sans rien sauver, et, lorsqu'il monta à la tribune, lorsqu'il prit la parole dans les couloirs, il eut beau faire cette concession déplorable, à savoir que le peuple pouvait se retirer satisfait puisqu'il avait constaté et reconquis son droit de pétition, le peuple ne se retira pas, et Louis Blanc ne recueillit pour s'être posé en médiateur que de stériles applaudissements et une cruelle ovation, qu'on devait bientôt tourner contre lui en accusations terribles et impitoyables.

Il faut l'avoir vu haletant, couvert de sueur, dans ce prétendu triomphe, qui ressemblait plutôt à une agonie, pour bien comprendre son innocence. Le malheureux! pouvait-il se soustraire à cette ovation, et, lorsque, quelques instants après, il se dirigeait vers l'esplanade des Invalides au lieu d'aller à l'Hôtel-de-Ville avec l'émeute triomphante, ne disait-il pas assez qu'il était étranger au complot?

Sans doute, son âme pouvait être ulcérée : on l'avait banni du pouvoir, et l'Assemblée avait souri de pitié lorsqu'il était venu proposer la création d'un ministère du progrès et du travail.

Mais y avait-il donc dans son orgueil blessé un motif suffisant pour lui faire sacrifier le principe du suffrage universel qu'il avait préconisé toute sa vie et qui disparaissait avec l'Assemblée nationale?

Non. Les partis sont injustes : ils se vengent souvent avec mauvaise foi et sans pudeur. Ce n'est pas l'émeutier du 15 mai qu'on a frappé plus tard dans la personne de M. Louis Blanc, c'est plutôt l'écrivain socialiste et le président de la commission du Luxembourg.

Le rôle de Barbès doit aussi être expliqué.

X.

Le rôle de Barbès doit aussi être expliqué.

Il était resté impassible jusqu'au moment où Blanqui prit la parole. Son mépris et sa haine pour cet homme n'étaient un mystère pour personne. Aussi le vit-on bientôt frémir, s'agiter et bondir enfin à la tribune pour ne pas laisser plus longtemps la direction du mouvement à celui qui paraissait devoir s'en emparer.

Nature ardente, esprit chevaleresque, fanatique des droits et de la souveraineté du peuple, pour lequel il avait compromis maintes fois sa fortune, sa liberté et sa vie, Barbès était peu fait pour les discussions parlementaires. Sa véritable place n'était pas dans une assemblée délibérante ; il lui fallait les agitations de la rue, les émotions de la place publique, et sa mâle éloquence ne pouvait se développer à l'aise que dans ces grandes réunions populaires où il faut parler plus souvent avec le cœur qu'avec la raison.

On a dit de lui que la vue du peuple l'enivrait. Est-il donc étonnant que le peuple, un instant maître et triomphant au 15 mai, l'ait retrouvé à sa tête ? et si la justice l'a puni pour être allé à l'Hôtel-de-Ville, l'histoire ne doit-elle pas au moins l'innocenter du crime d'avoir prémédité la manifestation du 15 mai ?

Évidemment il avait fait, comme Louis Blanc, tout son possible pour l'empêcher ; et si plus tard il se trouva installé à l'Hôtel-de-Ville comme membre du Gouvernement révolutionnaire, c'est qu'il avait voulu ravir le commandement à Blanqui, et que son cœur enthousiaste était impuissant à résister à la foule triomphante.

XI.

Raspail avait longuement parlé en faveur de la Pologne. Blanqui s'était égaré à dessein dans des considérations sur la Révolution et ses conséquences qui avaient évidemment pour but d'amener le peuple à la violence. Tout indiquait chez lui cette volonté, ses paroles remplies d'amertume aussi bien que son geste saccadé. Cet homme paraissait avoir quelque chose de sinistre, dans la physionomie, qui contrastait péniblement avec le regard fier et les discours généreux, au moins dans leur délire, de la plupart de ceux qui l'entouraient.

Mais le tumulte allait croissant, et la foule était arrivée à ce degré d'enivrement et d'exaltation qui rendait impossible toute fin raisonnable. Barbès avait proposé le vote d'un milliard sur les riches en faveur des pauvres, et demandé que le peuple fût admis aux honneurs de la séance en défilant à la barre. L'Assemblée repoussa ces motions par son silence et son indignation; mais les eût-elle acceptées, qu'elles auraient été inutiles pour apaiser le tumulte. Il fallait davantage à ceux qui s'étaient emparés du mouvement.

La tribune et le bureau étaient envahis. Ils ne formaient plus qu'une énorme et monstrueuse colonne humaine, où se distinguait la figure d'Huber. Ce fut lui qui se chargea d'en finir.

M. Buchez, sommé de céder son fauteuil et sa sonnette, avait opposé jusqu'au bout une résistance énergique et courageuse; mais à bout de forces et succombant sous le nombre, il venait d'être renversé.

« Au nom du peuple trompé par ses représentants, s'écrie Huber, je déclare que l'Assemblée nationale est dissoute... »

Un immense hourra se fait entendre; les cris de *vive la République!* s'y mêlent; un étendard, un bonnet rouge et une épée sont élevés sur la tribune; et la foule réclamant un Gouvernement provisoire, quelques factieux lui proposent tour à tour les deux listes suivantes :

Barbès.	Cabet.
Louis Blanc.	Louis Blanc.
Ledru-Rollin.	Pierre Leroux.
Blanqui.	Raspail.
Huber.	Considerant.
Raspail.	Barbès.
Caussidière.	Blanqui.
Etienne Arago.	Proudhon.
Albert.	
Lagrange.	

Ce fut alors un spectacle singulier. Pendant que la plus grande partie des membres de l'Assemblée se retirait, pendant qu'une partie de la foule se dirigeait à l'Hôtel-de-Ville, un grand nombre de ces hommes, devenus calmes comme si tout avait été terminé, s'occupaient paisiblement à dresser des listes du nouveau Gouvernement provisoire, pour les répandre au dehors. On les voyait s'asseoir en riant sur la tribune et sur le bureau, et, étrange mobilité de ce peuple parisien! les gais propos, les lazzis avaient succédé déjà aux cris et à la folie qui les animaient tout à l'heure.

La plume et le pinceau seront toujours impuissants à dépeindre cette scène, qui dura plus de quatre heures. Il faut y avoir assisté pour s'en faire une idée ; et pour qui, dégageant son esprit de craintes et de préoccupations, aurait pu la contempler en artiste, quel magnifique sujet d'observation ! Il y eut un moment surtout où le tableau était éblouissant. La foule était tout à fait compacte, une espèce d'ordre s'était établie dans le tumulte même, la poussière soulevée par les trépignements montait à flots vers la voûte, et le soleil glissant obliquement dans la salle illuminait tous les objets d'une couleur éblouissante. Rien de pittoresque [comme cette multitude aux vêtements bleus et rouges, sur laquelle flottaient de nombreux étendards et que le soleil éclairait d'une lumière splendide....

XII.

Cependant la commission exécutive avait enfin pris des mesures. Quelques représentants répandaient dans Paris la nouvelle de l'attentat, le rappel fut battu, plusieurs légions prirent les armes, et, dans la soirée même, l'Assemblée nationale reprit le cours de ses travaux, au moment où quelques factieux retardataires se trouvaient encore dans la salle et furent arrêtés par la garde nationale.

L'insurrection s'était portée à l'Hôtel-de-Ville.

MM. Lamartine et Ledru-Rollin, qui s'étaient rendus à la séance, montèrent à cheval et se dirigèrent vers l'Hôtel-de-Ville, pendant que MM. Arago, Marie et Garnier-Pagès prenaient au Luxembourg les mesures nécessaires pour comprimer le mouvement.

M. Clément Thomas reçut le commandement supérieur des gardes nationales de la Seine en remplacement de M. Courtais, qui avait été arrêté, renversé, maltraité et gardé à vue par quelques gardes nationaux.

L'Assemblée se déclara en permanence. La commission exécutive fut invitée à venir siéger dans le Palais-Bourbon, pour que le pouvoir fût concentré sur un seul point. M. Léon Faucher demanda la mise en accusation des citoyens Barbès et Courtais. Une proclamation à la France fut décidée; des remerciements à la garde nationale, à la garde mobile et à l'armée furent votés par acclamation. Enfin le procureur général, M. Portalis, ayant demandé l'autorisation de mettre sous la main de la justice les citoyens Barbès, Courtais et Albert, membres de l'Assemblée nationale, elle fut accordée.

Ainsi se termina cette sédition qui faillit perdre la République, et qui a eu de si funestes conséquences sur son avenir. Elle restera dans l'histoire comme un témoignage de la folie de quelques hommes, et comme le plus beau titre de gloire de l'Assemblée nationale, qui, par son courage impassible, sut sauvegarder intacte la dignité de la représentation au milieu même des menaces, des outrages et des violences dont elle était l'objet.

XIII.

La journée du 15 mai ouvrit de nouvelles routes à la politique de l'Assemblée. Elle servit de prétexte et de point de départ à tous ceux dont la foi républicaine était trop récente ou facile à ébranler, et, soit frayeur véritable des excès de la démagogie dont ils venaient de voir un triste et déplorable échantillon, soit que ce fût une occasion favorable pour dérouler leur véritable drapeau, toujours est-il que plusieurs représentants commencèrent à se détacher ouvertement de cette unanimité républicaine constatée dans les premiers jours, pour former ce parti de la réaction qui devait se recruter à chaque journée néfaste pour la République, et devenir puissant au point d'envahir un jour et d'absorber, pour ainsi dire, la représentation nationale tout entière.

Ce premier symptôme de division nous commande de placer ici l'histoire anticipée des diverses réunions de représentants. Elle servira à dessiner la physionomie des partis, et elle fera mieux comprendre les événements qui vont se dérouler dans ce récit.

On connaît déjà la réunion accidentelle qui eut lieu plusieurs jours de suite dans le salon de Mirabeau, au palais même de l'Assemblée. Elle servit de noyau à la réunion des représentants démocrates, établie rue des Pyramides, sous la présidence de M. Joly. Tous les hommes qui avaient marqué, sous la royauté, dans les luttes politiques en faveur de la République, s'y étaient rencontrés. Nul doute qu'en se maintenant elle n'eût rendu d'immenses services aux principes républicains dans l'Assemblée. Centre d'action, moyen de discipline pour le parti, qui en avait un si grand besoin, enseignement utile avant les grandes discussions publiques, elle offrait de notables avantages à tous ces hommes inconnus les uns aux autres, et complètement inexpérimentés sur la tactique et les habitudes parlementaires.

Mais des symptômes de dissolution ne tardèrent pas à se montrer. Violemment calomniée par le journal *l'Assemblée nationale*, la réunion vit quelques membres influents se retirer de son sein ; au bout de quelques jours, elle était dissoute.

MM. Marrast et Vaulabelle étaient parvenus à grouper autour d'eux, dans la galerie de la Chapelle au Palais-National, un certain nombre de représentants presque tous appartenant à la rue des Pyramides. Ce fut l'origine de la réunion qui s'est continuée jusqu'aux derniers jours de la Constituante, sous le nom de réunion Dupont (de l'Eure).

Les orateurs les plus influents du Palais-National ont été successivement MM. Pascal Duprat, Mathieu (de la Drôme), Gouttay, Flocon, Billault, Senard, Dupont (de Bussac) et Chauffour. Le talent ne manquait pas à cette réunion ; c'est l'impulsion d'un esprit éminent qui lui a fait défaut. MM. Ledru-Rollin ou Lamartine auraient pu lui imprimer une direction utile. Elle se composait de plus de trois cents membres, tous honnêtement et sincèrement dévoués à la République, et auxquels il ne fallait, pour prévenir bien des malheurs et pour accomplir de grandes choses, que la main ferme et puissante d'un chef de parti.

Cette réunion a évidemment formé pendant longtemps la majorité de l'Assemblée ; et, lorsque nous la trouverons dans les derniers mois affaiblie et impuissante, n'oublions pas qu'elle ne s'est successivement amoindrie que parce qu'elle manquait précisément d'un de ces noms éclatants qui sont toute une autorité morale, et sans lesquels les partis politiques ne sauraient exister longtemps. Après le 10 décembre, M. Cavaignac aurait pu maintenir et agrandir la réunion du Palais-National ; il ne l'a pas voulu et s'est toujours abstenu d'y paraître. C'était plus que de l'indifférence, c'était presque de l'ingratitude, dont il a dû se repentir plus tard, car on verra que certains membres du Palais-National lui avaient donné le pouvoir et que la réunion lui était restée fidèle jusqu'au bout.

A côté de nous, ne tarda pas à se former la réunion de la rue de Castiglione. Elle était présidée par M. Menand. Ses séances ont été peu nombreuses, et bientôt elle devint la réunion des représentants montagnards, rue Taitbout, sous la direction de M. Ledru-Rollin.

Mais les événements de Juin avaient renversé la commission exécutive. Au milieu de cet épouvantable orage, un pouvoir nouveau avait surgi, et, comme il est des hommes qui considèrent le gouvernement comme leur propriété, quelques-uns de ceux qui tombaient songèrent à l'instant même à ressaisir la puissance au sein même de l'Assemblée. Ce fut l'origine de la réunion de l'Institut fondée par MM. Garnier-Pagès, Pagnerre et Barthélemy Saint-Hilaire. On retrouve aussi, à sa formation, le doigt de M. Marrast. Ne cherchons point à connaître les motifs de son éloignement du Palais-National, après son premier éloignement de la rue des Pyramides ; il faut rester historien et ne pas répéter surtout ce qu'on insinuait alors, c'est qu'il fut séduit à la pensée de vivifier par la finesse et la subtilité de son esprit l'insuffisance organisatrice des fondateurs de la réunion de l'Institut.

La réunion qui se forma plus tard au palais des Beaux-Arts, à l'instigation et sous la direction de M. Alem Rousseau, n'avait pas de meilleures raisons d'être. C'était une division nouvelle, alors que les amis de la Révolution auraient dû se grouper sans arrière-pensée et chercher le bonheur de la France dans un effort et un dévouement unanimes. On comprend bien deux grandes factions dans l'Assemblée nationale : le parti du progrès et le parti de la résistance, car l'humanité procède toujours ainsi ; les uns se cramponnent résolus et impassibles derrière le char de l'État, tandis que les autres s'attèlent en avant, ardents et valeureux.

Mais devait-on voir le parti du progrès se diviser à l'infini?... N'y avait-il pas assez d'ombre et d'espace sous les plis de notre glorieux drapeau pour que tous les démocrates vinssent s'y grouper, sans avoir besoin, soit pour de mesquines satisfactions d'amour-propre, soit dans des pensées de regret, soit en vue d'ambitions futures, de demander à des réunions rivales un centre pour le développement de leur patriotisme et de leur activité?

La réunion de la rue de Poitiers était celle du parti de la résistance, nous allions dire du parti de la royauté. Fondée par quelques représentants sans antécédents parlementaires, elle devint bientôt le rendez-vous de tous ceux qui, se prétendant amis et défenseurs exclusifs de l'ordre, affectaient de demander une république modeste dans ses allures, tempérée dans ses institutions, prudente dans son langage. Tous les légitimistes, les orléanistes et plus tard les impérialistes, s'y rencontrèrent sous la présidence de M. le général Baraguay d'Hilliers ; et, magnifique résultat des révolutions! M. de Montalembert l'ultramontain y coudoyait M. Thiers le voltairien, tandis que le légitimiste M. Berryer y vivait dans l'entente la plus cordiale avec l'orléaniste M. Léon Faucher.

XIV.

La première difficulté et la plus terrible qui se présenta aussitôt après le 15 mai, ce fut la question des ateliers nationaux.

Ni les splendeurs de la fête de la Fraternité que nous raconterons bientôt, ni la série de décrets bienfaisants que l'Assemblée votait chaque jour, ni la solennelle discussion du 24 mai sur les affaires étrangères, ne pouvaient écarter ce terrible problème qui pesait sur les destinées de la République, et qui, sphinx aux cent mille têtes, menaçait de dévorer Paris et la France. Toutes les diversions, tous les palliatifs étaient impuissants. Cette faute des ateliers nationaux (si ce n'est pas un crime) devait aboutir à la guerre civile, et être expiée dans des flots de sang.

Décrétés par le Gouvernement provisoire, le 27 février 1848, les ateliers nationaux furent organisés le 6 mars par arrêté de M. Marie, ministre des Travaux publics.

C'était une pensée funeste, qui consistait à réunir pour le même travail tous les ouvriers de professions diverses. Ils étaient embrigadés et soumis à une espèce de discipline militaire. L'État leur donnait un salaire pour un semblant de travail, car ces hommes, recrutés dans tous les ateliers de la capitale, étaient évidemment impropres aux travaux de routes et de terrassements auxquels on les appliquait pêle-mêle et indistinctement.

Ce n'était, à vrai dire, que la désorganisation du travail. L'ouvrier oubliait vite dans cette existence nouvelle les habitudes de sa profession première ; il perdait le goût du travail assidu, pour contracter tous les vices qu'engendrent les grandes agglomérations. C'était une école de doctrines funestes, en attendant que ce fût un foyer d'insurrection. L'État ne recevait aucun travail pour les sommes immenses qu'il versait chaque jour dans ce gouffre, et si les organisateurs des ateliers nationaux avaient eu pour but de créer une armée pour l'émeute, à coup sûr ils n'auraient pas mieux réussi.

Il ne faut pas croire pourtant que ce fût là l'*organisation du travail* telle que la demandait depuis longtemps un des membres du Gouvernement provisoire. M. Louis Blanc a repoussé bien loin toute pensée de solidarité entre ses doctrines et cette conception funeste.

Voici comment, dans une publication datée de l'exil, il s'explique à ce sujet :

« Et qu'on n'objecte pas que, si les ateliers nationaux furent organisés sans ma participation, ils le furent tout au moins d'après mes principes. C'est le contraire qui est vrai.

» *Les ateliers sociaux*, tels que je les avais proposés depuis longtemps dans mon œuvre de l'*Organisation du travail*, devaient réunir chacun des ouvriers appartenant tous à la même profession.

» *Les ateliers nationaux*, tels qu'ils furent gouvernés par M. Marie, montrèrent entassés pêle-mêle des ouvriers appartenant aux professions les plus diverses, et soumis néanmoins, chose insensée ! au même genre de travail.

» *Dans les ateliers sociaux*, tels que je les avais

proposés, les ouvriers devaient travailler à l'aide de la commandite, mais pour leur propre compte, en vue d'un bénéfice commun, c'est-à-dire avec l'ardeur de l'intérêt personnel unie à la puissance de l'association et au point d'honneur de l'esprit de corps.

» *Dans les ateliers nationaux*, tels qu'ils furent gouvernés par M. Marie, l'État n'intervint que comme entrepreneur, les ouvriers ne figurèrent que comme salariés. Or, comme il s'agissait ici d'un labeur stérile, dérisoire, auquel la plupart se trouvaient nécessairement inhabiles, l'action de l'État, c'était le gaspillage des finances; la rétribution, c'était une paresse; le salaire, c'était une aumône déguisée.

» *Les ateliers sociaux*, tels que je les avais proposés, constituaient des familles de travailleurs, unis entre eux par le lien de la plus étroite solidarité, familles intéressées à être laborieuses, et partant fécondes.

» *Les ateliers nationaux*, tels qu'ils furent gouvernés par M. Marie, ne furent qu'un rassemblement tumultueux de prolétaires qu'on se contenta de nourrir faute de savoir les employer, et qui devaient vivre sans autres liens entre eux que ceux d'une organisation militaire avec ses chefs appelés de ce nom si étrange à la fois et si caractéristique : Brigadiers !

» La vérité est que les ateliers nationaux furent organisés et dirigés de façon à calomnier le Socialisme et à combattre ceux qui le représentaient dans le Gouvernement provisoire. De là cet aveu de M. Emile Thomas : « Je voyais à ce pro-
» jet (la fondation d'un club des ateliers natio-
» naux) l'immense bénéfice de dresser un autel
» contre celui du Luxembourg. » (*Histoire des ateliers nationaux*, page 157.)

XV.

L'Assemblée ne pouvait pas conserver plus longtemps cette fatale organisation. L'armée des ateliers nationaux devenait chaque jour plus nombreuse et plus menaçante ; le trésor s'épuisait à l'entretenir, et le travail, dans ses diverses spécialités, était menacé d'être abandonné par les ouvriers qui lui étaient restés fidèles, mais qui ne pouvaient voir sans envie ces chantiers où l'on n'était tenu, c'est le mot, à aucune obligation, et où le salaire ne se faisait pourtant jamais attendre.

La question fut soumise au comité du travail.

De son côté, M. Trélat, dès qu'il fut entré au ministère, en fit l'objet de sa principale, on pourrait dire de son unique préoccupation. Il institua au ministère des Travaux publics une commission de savants et d'hommes spéciaux chargés de sonder ce vaste abîme dans tous ses replis et d'indiquer le meilleur moyen de le combler.

Ce ministre, honnête homme, apporta dans cette question toute l'ardeur et toute la générosité d'un noble cœur. Il ne fut pas longtemps à se convaincre qu'une dissolution immédiate et brutale était impossible. L'humanité et la prudence s'y opposaient également. Pouvait-on songer, en effet, à jeter sur le pavé de Paris, sans pain et sans travail, cette formidable armée, et n'eût-ce pas été décréter en quelque sorte l'insurrection ?

Il pensait avec raison qu'il valait mieux dissoudre successivement et peu à peu les ateliers nationaux, en divisant leur personnel pour le diriger sur des travaux spéciaux ouverts sur différents points du territoire de la République. Ce fut l'objet de divers décrets, notamment ceux relatifs à l'établissement d'ateliers sur les routes départementales de la Seine, et à l'exécution de travaux communaux dans le même département; — à la construction de plusieurs ponts (1) ; — à la continuation des travaux du chemin de fer de Tours à Nantes ; — à l'amélioration de la Marne ; — au canal de la Sologne ; — et à celui de la haute Seine.

Tous ces décrets, préparés en peu de temps et présentés simultanément à l'Assemblée, attestent l'ardente sollicitude de M. Trélat. Évidemment il était entré dans la seule voie raisonnable et possible, et peut-être, s'il eût été secondé, si même il n'eût pas été entravé, serait-il parvenu à conjurer l'orage.

Mais tout semblait se réunir pour contrarier et amoindrir son œuvre.

Les esprits étaient agités. Les ouvriers ne consentiraient pas facilement à quitter Paris. Il fallait agir avec calme, avec prudence.

La commission exécutive choisit ce moment pour faire voter la loi impopulaire et anti-républicaine *sur les attroupements*. C'était compliquer la question d'une difficulté de principe et fournir un prétexte politique à la résistance des ouvriers.

---

(1) Parmi ceux-ci, je suis heureux de pouvoir citer les ponts de Confolens et de Cognac, dans le département de la Charente, qui furent compris, sur ma demande, dans le projet de loi.

D'un autre côté, la sous-commission du comité des finances, chargée d'examiner la question des ateliers nationaux, était arrivée à des conclusions entièrement opposées aux projets du ministre. Elle demandait la dissolution immédiate des ateliers. On le savait dans le public, ce qui augmentait encore l'irritation.

Le danger était imminent. Déjà des ferments de désordre se manifestaient sur tous les points; l'insurrection faisait ses apprêts au grand jour; on fondait des balles, on confectionnait de la poudre jusque dans les galeries du Palais-National.

M. Trélat fit des efforts désespérés auprès de l'Assemblée et de la sous-commission, afin d'éviter une mesure qui devait grossir le parti de l'insurrection de tout le personnel des ateliers nationaux.

Tout fut inutile. Il avait à lutter dans la sous-commission contre un homme absolu, ardent et habile. C'était M. de Falloux. Esprit subtil, doué d'une éloquence mielleuse, cachant sous des dehors polis une obstination sans égale, c'était la personnification complète de cette fameuse école des Jésuites dont il s'est fait l'adepte et le défenseur dans ses livres.

M. de Falloux voulait la dissolution des ateliers nationaux, et malgré le ministre, malgré les membres eux-mêmes de la sous-commission, il présenta son rapport à l'Assemblée. A ce moment des barricades s'élevaient déjà dans Paris. Désormais c'en était fait : l'émeute allait prendre les proportions d'une révolution, car on venait de lui fournir imprudemment soixante mille combattants !...

XVI.

Mais, avant d'aborder ce douloureux récit des journées de Juin, revenons sur nos pas pour parler de la résolution si souvent invoquée depuis, concernant l'Allemagne, la Pologne et l'Italie.

Ce fut dans la séance du 23 mai que la proposition fut portée à la tribune. Il s'agissait de déterminer le rôle de la France en Europe, et de dire aux nationalités qui cherchaient à se constituer, aux rois qui pouvaient former une nouvelle coalition, aux peuples que notre révolution avait réveillés, quelle serait l'attitude de la République au milieu des événements qui allaient s'accomplir.

Cette discussion eut pour prémisses la lecture de la résolution du Congrès américain reconnaissant la République française. La nouvelle de notre révolution avait traversé l'Atlantique, et les États-Unis, aidés par la France à la fin du dernier siècle dans l'œuvre de leur affranchissement, nous envoyaient alors l'expression de leur sympathie. C'était le salut cordial d'une nation amie, et nulle arrière-pensée, nulle jalousie ne se cachaient derrière ces souhaits de gloire et de bonheur.

Plusieurs orateurs prirent la parole dans la question des affaires étrangères. Mais l'événement de la séance, c'est le discours de M. Lamartine.

Depuis le 24 février, M. Lamartine avait dirigé la politique extérieure de la République. Le monde était encore retentissant du bruit de ce manifeste, qui restera dans l'histoire comme son cri le plus éloquent et son plus beau titre de gloire. Au nom de la France émancipée, il avait su traduire dans une langue qui n'appartient qu'à lui les désirs, les aspirations, les sentiments de la France républicaine ; il avait promis aux peuples libres une protection efficace, il avait rassuré les gouvernements sur les tentatives de conquêtes, il avait posé comme les bases du droit nouveau en Europe le respect des nationalités et l'affranchissement successif des populations. Chacun était désireux de l'entendre parler sur ce grand objet. Il allait nous dire quels fruits avait portés son manifeste, et si l'influence de la France était restée, dans les relations diplomatiques, digne d'elle-même et de sa mission civilisatrice.

Ce discours ne fut qu'un brillant commentaire du manifeste. Le Gouvernement provisoire avait voulu remettre intacte à l'Assemblée la politique étrangère, et il s'était contenté de poser quelques grands principes, qui ne seraient, à coup sûr, démentis par personne.

En principe général, pas de déclaration de guerre, mais acceptation de cette cruelle nécessité, si l'on posait des conditions de guerre au peuple français; car alors on le contraindrait à grandir en force et en gloire, malgré sa modération.

Les traités de 1815 n'existent plus que comme faits à modifier d'un commun accord, et si l'heure de la reconstitution de quelques nationalités opprimées en Europe ou ailleurs paraissait avoir sonné dans les décrets de la Providence, si la Suisse était contrainte ou menacée, si les États indépendants de l'Italie étaient envahis, si l'on imposait des limites ou des obstacles à leur transformation intérieure, si on leur contestait à main armée le droit de s'affilier entre eux pour constituer une patrie italienne, la République française se croirait en droit d'armer elle-même pour protéger ces mouvements légitimes de croissance et de nationalité des peuples.

Tel fut le texte de ce magnifique discours auquel l'Assemblée s'associa à diverses reprises par des applaudissements pour ainsi dire unanimes, et qu'elle résuma le lendemain dans la résolution suivante, destinée à servir de règle à sa politique extérieure, et qui fut adoptée à l'unanimité :

« L'Assemblée nationale invite la commission
» exécutive à continuer de prendre pour règle de
» sa conduite les vœux unanimes de l'Assemblée,
» résumés par ces mots : Pacte fraternel avec
» l'Allemagne, reconstitution de la Pologne indé-
» pendante et libre, affranchissement de l'Italie. »

Chose digne de remarque, cette résolution fut apportée à la tribune par M. Drouyn de l'Huys qui plus tard, devenu ministre des Affaires étrangères, devait, contrairement aux intentions de l'Assemblée, diriger nos armes contre la liberté romaine.

Ici se termine la première phase des travaux de

l'Assemblée constituante. Animée des meilleures intentions, capable de se réunir encore dans une magnifique unanimité lorsqu'il s'agissait des intérêts et de la grandeur de la France, l'esprit de parti n'avait pas soufflé sur elle de façon à la désunir et à la diviser.

Nous allons la voir maintenant, ébranlée par les événements de Juin, se laissant aller aux suggestions perfides de quelques ambitieux intrigants, se détourner de plus en plus de la tradition révolutionnaire, oublier ou méconnaître la haute importance de son mandat, pour aboutir enfin au moment où, doutant d'elle-même et cédant aux clameurs de la faction royaliste, elle déposera le pouvoir avant d'avoir achevé son œuvre.

# LIVRE II.

I.

Pendant quatre jours, Paris fut bouleversé par la plus épouvantable des guerres civiles. L'insurrection s'étendait sur une ligne immense, du Panthéon au clos Saint-Lazare ; elle occupait les quartiers et les faubourgs les plus populeux, et tous les hommes compétents s'accordent à dire qu'elle était dirigée avec une admirable habileté stratégique.

Quelle était donc la cause de cette sédition ?... Comment, le lendemain de sa victoire, au moment même où sa souveraineté reconquise venait de s'exprimer dans l'Assemblée nationale, le peuple courait-il à de nouveaux hasards et à de nouveaux combats ?...

C'est que la révolution profonde, radicale, qui s'était accomplie au mois de février, ne pouvait pas être, comme affectaient de le dire quelques politiques à courte vue, un simple changement de forme politique ; sa mission était plus sérieuse et plus élevée dans les desseins de Dieu, elle devait modifier la condition sociale du peuple.

Le peuple le savait ; il l'exigeait. Mais d'imprudents prédicateurs avaient eu le tort de lui dire que les réformes sociales s'accomplissent, comme les réformes politiques, à coups de fusil, tandis qu'il leur faut de toute nécessité le secours du temps et de la patience.

Il y a des lois nécessaires, que les révolutions ne peuvent jamais méconnaître. Un peuple peut bien, dans un jour de colère, chasser toute une race de rois, constituer un gouvernement nouveau; il ne lui appartient pas de transformer au gré de ses désirs ses habitudes, ses passions, sa condition sociale enfin.

Pour qu'il s'élève en moralité et en bien-être, il lui faut le concours d'institutions nouvelles, fondées sur l'état réel de ses mœurs, appuyées par l'éducation publique, comprises, acceptées par la majorité des citoyens. Le savant et le philosophe peuvent bien improviser dans le silence du cabinet de magnifiques textes de lois ; il ne leur appartient pas de fonder d'un trait de plume les institutions qui régénèrent un peuple.

Si l'insurrection de Juin eût réussi, ses chefs auraient été impuissants à donner sur l'heure les justes satisfactions que réclame le peuple. Eussent-ils spolié les riches au profit des pauvres, qu'ils n'auraient fait qu'agrandir la misère et rendre l'avenir plus critique. Un déplacement de richesses aurait le double tort d'être injuste et insuffisant ; c'est dans l'accroissement de la richesse générale que se trouve la solution du problème. Mais, encore une fois, les institutions ne s'improvisent pas.

La cause première de la guerre civile était donc dans la misère du peuple, exalté par des enseignements funestes et par des promesses irréalisables.

Aussi, se place naturellement ici un reproche grave qui pèsera toujours sur le Gouvernement provisoire et sur l'Assemblée. Comment, en présence de l'ignorance populaire et de tant de prédications insensées, leur premier soin ne fut-il pas d'organiser l'éducation publique? Chaque jour de perdu nous réserve peut-être de nouveaux malheurs, et peut-on comprendre une société où l'exercice de la souveraineté est remis à des masses qui n'ont pas reçu le bienfait d'une éducation commune, et qui ignorent peut-être l'étendue de leurs droits et la gravité de leurs devoirs?

La souveraineté du peuple est inaliénable et imprescriptible. Le Gouvernement provisoire ne pouvait pas méconnaître ce principe; il eut raison de le proclamer et d'en faire la base de sa politique. Mais son commentaire indispensable, sa conséquence nécessaire étaient une loi d'éducation publique, gratuite, obligatoire et commune pour tous les citoyens. Comment n'eut-il pas la force ou la volonté de la donner à la France, au moment même où il appelait le peuple à l'exercice du suffrage universel? Cette institution serait maintenant en vigueur, et qui sait si, dans quelques années, ses bienfaits ne préviendraient pas bien des malheurs?

M. Carnot, qui est si digne de son illustre père, y avait songé. Comme ministre de l'instruction publique, il avait préparé un vaste projet qui fut apporté à l'Assemblée nationale; mais, hélas! tombé du pouvoir sous le coup d'odieuses calomnies, il n'a pas même emporté, dans la retraite que lui a faite l'ingratitude de ses concitoyens, la consolation d'avoir assisté à la discussion de la loi sur l'éducation publique.

A ces causes d'insurrection il faut ajouter celle si puissante que nous avons signalée déjà, l'imprudente et coupable dissolution des ateliers nationaux.

Tout concourait à rendre l'armée des insurgés formidable et leur attaque redoutable.

La misère, l'ignorance, un fait brutal avaient formé leurs bataillons. Les partis s'emparèrent de leur direction, et si l'enquête ordonnée par l'Assemblée nationale n'a signalé comme chefs que des démagogues, la contre-enquête commencée, sur la proposition de M. Laurent (de l'Ardèche), par le comité de l'intérieur, a surpris la main des royalistes soudoyant la révolte; et les drapeaux blancs arborés sur quelques barricades, l'or de l'étranger distribué par des agents connus, disent assez que les partisans des anciennes dynasties n'y furent pas étrangers.

II.

Après quatre jours d'une lutte acharnée et sans exemple dans l'histoire, l'insurrection fut vaincue, et l'Assemblée nationale resta maîtresse de Paris bouleversé comme un champ de bataille et offrant la déplorable image d'une ville prise d'assaut.

Les rues et les places publiques étaient devenues des bivouacs; des quartiers entiers avaient été bombardés, et, comme pour attester la fureur et la folie de nos discordes civiles, quelques-uns de nos plus beaux monuments, le Panthéon entre autres, conservent la trace des balles et des boulets.

Ce n'est pas ici le lieu de raconter cet épouvantable épisode de notre histoire. Nous devons nous borner à décrire le rôle de l'Assemblée pendant ces tristes jours. Il fut héroïque et constamment digne de sa cause, — celle de la civilisation, — qu'elle avait alors à défendre. Sur tous les points du combat, ses membres, revêtus de leurs insignes, essayèrent de s'interposer dans cette lutte fratricide, et lorsque leur parole était impuissante, on les voyait impassibles au milieu du feu, communiquant pour ainsi dire à la garde nationale et à l'armée la force du droit et l'autorité morale dont ils étaient investis. Hélas ! dans cette mission de dévouement et de stoïcisme, plusieurs payèrent de leur sang et quelques-uns même de leur vie.

L'histoire retient leurs noms, bien plus encore pour constater l'horreur de pareils combats, que pour honorer leur courage. Ils se nommaient Duvivier, Charbonnel et Dornès.

On compte parmi les blessés MM. Lafontaine, Bedeau, Bixio.....

Le 23 Juin, à trois heures après midi, le maire de Paris adressait aux maires des arrondissements la lettre suivante, qui prouve que si l'autorité était avertie, elle ne soupçonnait pas cependant l'importance du mouvement et la gravité de la lutte qui allait s'engager :

MAIRIE DE PARIS.

« Paris, le 23 juin 1848, trois heures après midi.

» Citoyen Maire,

» Vous êtes témoin depuis ce matin des efforts
» tentés par *un petit nombre de turbulents* pour

» jeter au sein de la population les plus vives
» alarmes.

» Les ennemis de la République prennent tous
» les masques ; ils exploitent tous les malheurs,
» toutes les difficultés produites par les événe-
» ments. Des agents étrangers se joignent à eux,
» les excitent et les paient. Ce n'est pas seule-
» ment la guerre civile qu'ils voudraient allu-
» mer parmi nous, c'est le pillage, la désorga-
» nisation sociale, c'est la ruine de la France
» qu'ils préparent, et l'on devine dans quel but.

» Paris est le siége principal de ces infâmes
» intrigues ; Paris ne deviendra pas la capitale
» du désordre. Que la garde nationale, qui est
» la première gardienne de la paix publique et
» des propriétés, comprenne bien que c'est
» d'elle surtout qu'il s'agit, de ses intérêts, de
» son crédit, de son honneur. Si elle s'abandon-
» nait, c'est la patrie entière qu'elle livrerait à
» tous les hasards, ce sont les familles et les pro-
» priétés qu'elle laisserait exposées aux calami-
» tés les plus affreuses.

» Les troupes de la garnison sont sous les
» armes, nombreuses et parfaitement disposées.
» Que les gardes nationaux se placent dans leurs
» quartiers, aux abords des rues ; l'autorité fera

» son devoir ; que la garde nationale fasse le
» sien.

» Salut et fraternité.

» *Le représentant du peuple, Maire de Paris,*
» **A. MARRAST.** »

Dans la séance du 23, l'Assemblée venait d'entendre la fatale lecture du rapport de M. de Falloux sur les ateliers nationaux ; elle discutait le projet de décret relatif au rachat des chemins de fer par l'État, lorsque le président M. Senard donna lecture à l'Assemblée de plusieurs lettres qui lui étaient adressées par le préfet de police. C'étaient des notes rapides, concises, indiquant les lieux où l'insurrection s'était établie : le faubourg Saint-Antoine, la porte Saint-Denis, la rue Saint-Martin, la place Dauphine, le boulevard Bonne-Nouvelle et le coin de la rue Saint-Jacques-la-Boucherie ; elles annonçaient que sur tous les points l'émeute était réprimée.

Malheureusement, hélas ! cette confiance des magistrats était trop absolue, et les événements allaient bientôt lui donner un cruel démenti.

C'était au général Cavaignac, ministre de la Guerre, que la commission exécutive avait confié la disposition de toutes les forces et le soin d'as-

surer la sécurité de la capitale. Chose singulière ! M. Garnier-Pagès, expliquant à l'Assemblée les mesures prises, s'exprimait ainsi : « Le général
» Cavaignac, avec son énergie ordinaire et son
» patriotisme bien connu, a *le soin de concentrer*
» *toutes les forces sur un point autour de l'As-*
» *semblée nationale,* pour, ensuite, les répandre
» sur les divers points menacés ; et ces disposi-
» tions ont eu un grand commencement de suc-
» cès. »

Pourtant, tant la haine des partis est aveugle ! M. Garnier-Pagès et ses amis devaient se répandre plus tard en récriminations amères et injustes contre le général Cavaignac ; et leur principal reproche serait ce fait d'avoir concentré les troupes autour de l'Assemblée nationale.

L'Assemblée se déclara en permanence.

La proposition d'une proclamation au peuple, faite par M. Considerant, fut repoussée par la question préalable. Quelques instants après, elle fut reproduite, avec instances et prières, par M. Caussidière. Il était déjà nuit, le combat était suspendu ; cette mesure aurait peut-être épargné bien du sang.

« Citoyens, s'écriait-il, je propose une procla-
» mation aux flambeaux ; je me mettrai à la tête

« si vous voulez, je recevrai les premiers coups
» de fusil.....

» N'attendez pas les nouvelles ; elles peuvent
» changer d'un instant à l'autre, et comme je
» vous l'ai dit, les clubs du désespoir sont en per-
» manence aujourd'hui, et vous verrez demain la
» guerre civile.

» Voulez-vous encore une fois, au nom de la
» majesté nationale, vous rendre simplement,
» sans appareil, auprès du peuple?... que six d'en-
» tre vous me suivent!... Si nous mourons, tant
» pis! si nous sommes détruits, eh! mon Dieu!
» nous aurons fait notre devoir, et cela doit
» suffire.....

» Je demande qu'un certain nombre de dépu-
» tés se rendent, accompagnés d'un membre de
» la commission exécutive, dans le cœur de l'in-
» surrection. Pour mon compte, je me livre
» comme ôtage, et je réponds que nous ramène-
» rons l'ordre et que nous ferons cesser l'effusion
» du sang..... »

Cel angage fut accueilli par de violents murmures et par des cris. C'était, disaient les membres de la droite, celui d'un factieux pactisant avec l'émeute, et l'on entendit M. Bérard qui s'écriait : *On ne raisonne pas avec des factieux, on les bat.*

Le lendemain cependant, plusieurs membres de l'Assemblée, s'inspirant de leur cœur, se rendaient sur le lieu du combat pour arrêter l'effusion du sang, et l'Assemblée applaudissait à leur courage.

Mais il était trop tard.

III.

La journée du 24 fut remplie d'une douloureuse anxiété. L'insurrection avait pris des proportions effrayantes : ce n'était plus un soulèvement partiel, c'était une guerre en règle et terrible.

Le président de l'Assemblée, le bureau, un grand nombre de membres avaient passé la nuit à l'hôtel de la Présidence.

La séance fut reprise à huit heures du matin. Le décret suivant fut voté par acclamation :

« La République adopte les enfants et les veu-
» ves des citoyens qui ont succombé dans la jour-

» née du 23 juin et de ceux qui pourraient périr
» encore en combattant pour la défense de l'or-
» dre, de la liberté et des institutions républi-
» caines. »

Ce décret était destiné à maintenir le courage de la garde nationale. Il fut publié immédiatement dans Paris.

Mais les événements marchaient avec une rapidité effrayante. A neuf heures, M. Bastide annonçait que l'Hôtel-de-Ville était sur le point d'être pris par les insurgés. L'Assemblée était en proie à la plus vive émotion; elle adopta par assis et levés, sur la proposition de M. Pascal Duprat, le décret de mise en état de siége et de concentration des pouvoirs dans les mains du général Cavaignac; il était ainsi conçu:

« Art. Ier. L'Assemblée nationale se déclare en permanence.

» Art. II. Paris est mis en état de siége.

» Art. III. Tous les pouvoirs exécutifs sont délégués au général Cavaignac. »

La concision des termes et la rapidité avec laquelle il fut voté indiquent assez quel était le péril de la situation.

M. Nachet s'était en vain opposé à la mise en état de siége. Soixante membres seulement environ, parmi lesquels M. Odilon-Barrot, votèrent contre (1).

IV.

Le décret de mise en état de siége et de concentration des pouvoirs exécutifs dans les mains du

(1) Le vote pour la mise en état de siége eut lieu par assis et levés, sans constatation des noms des votants. Seulement, après la séance, ceux qui avaient voté contre cette mesure extrême inscrivirent leurs noms au bas d'une déclaration qui devait rester comme pièce historique, mais qu'on était convenu de ne pas publier, dans la crainte de prêter une force morale à la sédition.

Cependant ce document fut inséré dans les journaux du lendemain. Qui donc avait ainsi trahi la bonne foi de ses collègues ?... On ne l'a pas su. Seulement cette indiscrétion parut assez grave à quelques représentants, pour mériter la déclaration suivante :

« Les Représentants soussignés déclarent :

» Que ce n'est que par un abus de leur signature que la déclara-
» tion du 24 juin, faite à la suite de la mise en état de siége de Paris,
» a été publiée ;

» Que cette déclaration, loin d'être une protestation contre le vote
» de la majorité, n'était qu'une offre faite à leurs collègues d'aller
» remplir une mission de paix et d'humanité, conforme d'ailleurs
» aux sentiments exprimés dans les proclamations publiées le soir
» même et les jours suivants par le président de l'Assemblée et par
» le général Cavaignac;

» Qu'il avait été formellement arrêté que cette déclaration était
» uniquement destinée à être remise au président de l'Assemblée;

» Qu'ils protestent énergiquement contre la publicité qui lui a été

général Cavaignac, rendait désormais la séance sans importance et sans intérêt. Toute l'action se trouvait transportée dans le cabinet du chef du pouvoir exécutif, et l'Assemblée n'avait plus qu'à attendre le résultat des événements.

Elle le fit avec dignité, pendant que plusieurs de ses membres plus impatients continuaient à agir sur les lieux mêmes du combat.

M. Cavaignac était digne de la tâche immense qui lui était confiée.

Jeune, ardent, distingué, connu de la France par de brillants faits d'armes, portant un nom cher à la démocratie et que son frère Godefroy, de si regrettable mémoire, avait illustré, il réunissait toutes les conditions nécessaires pour être accepté dans une occasion aussi difficile.

Les républicains les plus soupçonneux étaient assurés qu'il ne ferait pas tourner la dictature à son profit, et tous les partis pouvaient compter sur la loyauté de sa parole.

» donnée malgré eux, et qui, dans le moment où elle a eu lieu,
» pouvait prêter à de fausses interprétations.

    » Signé :

» Chauffour (Bas-Rhin); Azerm; Henri Didier; Michot-Bouters;
 » Frichon aîné; Walferdin; Cazelles; Westercamp; Ronjat; Ba-
» baud-Laribière; Guitter; Alcan; J. Chauffour; V. Considerant;
 » Kœnig; Renouvier; Yves; Arnaud. »

Son nom pouvait être pour l'émeute même un motif d'hésiter, et sa mère, cette pieuse femme comparable à la mère des Gracques, était une garantie qu'il ne trahirait pas la cause de la liberté. Ce qui restera pour lui comme un éternel honneur, c'est sa patriotique hésitation au moment de prendre le commandement suprême. La guerre civile lui faisait horreur ; il avait peur de tant de sang à verser. On raconte que, dans la nuit du 23 au 24, son noble cœur, en proie aux plus poignantes tortures, laissait s'exhaler tous les doutes, toute la tristesse, toute l'amertume dont il était déchiré. Lui si calme d'ordinaire à la veille d'une bataille, on le vit agité, se promenant à grands pas, se parlant à lui-même, et demandant pour ainsi dire à Dieu et à sa conscience ce qu'il fallait faire dans cette occurrence suprême.—Le salut de la République était ce qui le préoccupait surtout. Ne périrait-elle pas dans cette lutte fratricide, et pourquoi fallait-il, dans son intérêt même, verser le sang de tant de malheureux égarés, qui croyaient aussi combattre pour sa défense et mourir pour la sauver ?

Sa mère eut besoin, dit-on, de calmer les perplexités de son âme, et de lui dire qu'il serait digne de Godefroy s'il parvenait à réprimer cette sédition aveugle et sacrilége.

Dès ce moment, son parti fut pris. Il se retrouvait lui-même, c'est-à-dire général calme, résolu, dirigeant une action avec ce mélange de sagesse et de fougue qui assure infailliblement la victoire.

Son quartier-général était au palais de l'Assemblée, comme pour réunir sur un même point l'autorité morale et la force matérielle. Les troupes étaient concentrées sur la place de la Concorde et dans les Champs-Elysées. Le plan du général Cavaignac consistait à les jeter par colonnes puissantes sur les points les plus menacés. Les différents quartiers où se développait l'insurrection étaient commandés par des généraux habiles : c'étaient MM. Lamoricière, Négrier, Duvivier, Bedeau, Bréa, etc... Plusieurs généraux et beaucoup d'autres officiers présents à Paris étaient venus se mettre à la disposition de M. Cavaignac ; et les régiments qui avoisinaient Paris, et les gardes nationales qui arrivaient en foule, lui permirent de tenir tête à la plus formidable insurrection qui fut jamais et de la réprimer.

Admirablement secondé par ses lieutenants, qui presque tous étaient ses camarades, soutenu par l'énergie de l'Assemblée, fort de l'esprit de sa cause, M. Cavaignac déploya dans cette circonstance un talent militaire d'autant plus remarquable, qu'il était encore tout à fait étranger aux combats de barricades, aux luttes dans la rue ; il se garda bien d'éparpiller ses forces et de compromettre inutilement la vie des soldats. Juillet 1830 et Février 1848 lui servirent d'exemple : ils lui disaient avec raison qu'une armée dispersée dans Paris est une armée perdue ; car alors il n'y a plus unité de commandement, et les corps isolés, n'ayant plus à prendre conseil que de leur courage, s'épuisent en efforts sur des points inutiles à conquérir ou à conserver ; tandis que l'insurrection, triomphante à côté d'eux, gagne du terrain et s'empare des positions importantes. Pour qui n'est pas aveuglé par la haine ou l'esprit de parti, il est évident aujourd'hui que la cause principale du succès, c'est la concentration des troupes.

M. Cavaignac était un militaire brave et distingué : on ne fut pas étonné de le retrouver lui-même. Mais ce qui le fit remarquer sous un jour tout nouveau, c'est sa pénétration politique, c'est son aptitude gouvernementale pendant ces instants de crise où tous les pouvoirs exécutifs étaient concentrés dans ses mains. Tous ceux qui l'approchèrent alors comprirent qu'il y avait chez lui autre chose qu'un soldat. l'homme d'État se pressentait déjà.

Ses proclamations à la garde nationale, à l'armée, aux insurgés, écrites pendant le feu du combat, sont toutes d'une admirable concision et respirent une patriotique énergie. On aime à les citer, car, dans ces solennelles et douloureuses circonstances, il est consolant de trouver chez ceux qui commandent le courage et l'humanité réunis.

Il disait à la garde nationale :

. . . .

« La force unie à la raison, à la sagesse, au bon
» sens, à l'amour de la patrie, triomphera des
» ennemis de la République et de l'ordre social.

» Ce que vous voulez, ce que nous voulons
» tous, c'est un gouvernement ferme, sage,
» honnête, assurant tous les droits, garantissant
» toutes les libertés, assez fort pour repousser
» toutes les ambitions personnelles, assez calme
» pour déjouer toutes les intrigues des ennemis
» de la France... »

« Soldats, disait-il en s'adressant à l'armée,
» le salut de la patrie vous réclame ! C'est une
» terrible, une cruelle guerre que vous faites
» aujourd'hui. Rassurez-vous, vous n'êtes point
» agresseurs ; cette fois, du moins, vous n'aurez

» pas été de tristes instruments de despotisme et
» de trahison. Courage! soldats, suivez l'exemple
» intelligent et dévoué de vos concitoyens; soyez
» fidèles aux lois de l'honneur, de l'humanité;
» soyez fidèles à la République; à vous, à moi,
» un jour ou l'autre, peut-être aujourd'hui, il
» nous sera donné de mourir pour elle. Que ce
» soit à l'instant même si nous devons survivre à
» la République. »

En s'adressant aux insurgés, il disait :

« Citoyens,

» Vous croyez vous battre dans l'intérêt des
» ouvriers, c'est contre eux que vous combat-
» tez, c'est sur eux seuls que retombera tant
» de sang versé. Si une pareille lutte pou-
» vait se prolonger, il faudrait désespérer de
» l'avenir de la République, dont vous voulez
» tous assurer le triomphe irrévocable.

» Au nom de la patrie ensanglantée,

» Au nom de la République que vous allez
» perdre,

» Au nom du travail que vous demandez et
» qu'on ne vous a jamais refusé, trompez les espé-
» rances de nos ennemis communs, mettez bas
» vos armes fratricides, et comptez que le Gou-
» vernement, s'il n'ignore pas que dans vos rangs

» il y a des instigateurs criminels, sait aussi qu'il
» se trouve des frères qui ne sont qu'égarés et
» qu'il rappelle dans les bras de la patrie. »

Dans une autre proclamation on retrouve cette phrase digne de l'antiquité, et que Plutarque aurait recueillie :

« La France entière bat d'un seul cœur et as-
» pire au même but : la République et l'ordre. »

V.

L'insurrection était comprimée.

Les premières mesures prises par l'Assemblée furent toutes de reconnaissance et d'humanité. Elle déclara que le général Cavaignac et son président, M. Senard, avaient bien mérité de la patrie. Elle adopta un décret qui ouvrait au ministre de l'Intérieur un crédit de trois millions pour secours extraordinaires aux habitants de Paris dans le besoin ; enfin, elle voulut prouver à la population que si la République était forte et inflexible contre la sédition, c'était à la condition d'être protectrice de tous les droits, compatissante à toutes les infortunes.

Ces sentiments étaient encore ceux de la majorité, lorsqu'elle adopta, sans en prévoir les conséquences, le décret qui chargeait une commission d'enquête de rechercher les causes de l'insurrection des 23 juin et jours suivants, et de l'attentat du 15 mai.

De ce jour datent cependant les divisions profondes qui vont déchirer l'Assemblée. Cette fatale enquête, dirigée dans un esprit que l'histoire ne saurait approuver, servira de texte aux récriminations de tous les partis ; au lieu de les pacifier, elle deviendra un arsenal où ils puiseront tour à tour avec passion, avec perfidie, souvent même avec injustice et mauvaise foi.

VI.

On était au 28 juin. Les dangers de la lutte armée avaient cessé, l'ordre matériel était rétabli dans la rue.

Il fallut songer à constituer le pouvoir, car

on le disait ébranlé aux mains de la commission exécutive.

La réunion du Palais-National, qui formait alors la majorité dans l'Assemblée, avait chargé une commission prise dans son sein de se tenir en rapport avec le pouvoir exécutif, et de se concerter sur les grandes mesures à présenter à l'Assemblée et sur la politique à suivre pour affermir la République. Cette réunion accordait son concours au pouvoir, était disposée à le soutenir et à le défendre, mais à condition que le pouvoir entrerait résolument dans la voie démocratique, et chercherait à fonder les institutions républicaines que la France attendait encore depuis Février.

La commission dont nous parlons se rendait fréquemment au Luxembourg. Elle était composée de MM. Dupont (de Bussac), Ducoux, Pascal Duprat, Sarrans, Coralli et Babaud-Laribière. Il nous souvient que les questions les plus graves étaient traitées dans ces conférences, et on était arrivé à s'entendre sur les sujets qui devaient devenir prochainement l'objet des discussions de l'Assemblée.

Ainsi, pour la question financière, on avait résolu de soutenir les projets de rachat des chemins de fer et d'exploitations des assurances par l'État, auxquels M. Garnier-Pagès tenait beaucoup; mais, de son côté, la commission exécutive devait donner son appui à un système de réformes financières qui embrassait l'organisation du crédit foncier, la modification de l'impôt du sel, l'exploitation du domaine de l'État, la vente à son profit des biens de la liste civile et une vaste organisation d'impôts ayant pour base le revenu. Ce système avait été présenté et développé par M. Dupont (de Bussac).

On s'était aussi occupé du personnel des fonctionnaires publics. Cette doctrine, que la République peut être utilement administrée par des royalistes, n'avait pas cours encore dans le Gouvernement; et on était tombé d'accord sur ce point, qu'il fallait faire un examen minutieux de tous les services publics, conserver les fonctionnaires dont la capacité et le dévouement, qu'ils fussent de la veille ou du lendemain, étaient réels, mais se débarrasser impitoyablement de tous ceux (et ils étaient nombreux) qui n'avaient pas accepté la République et qui affectaient maintenant de la subir, prêts à la trahir lorsque le moment serait venu.

A cela on trouvait un double avantage : assurer

au pays une administration conforme et dévouée aux principes de son gouvernement, récompenser les services et utiliser le dévouement d'une foule de républicains encore sans emploi.

La commission exécutive, unanime pour entrer dans cette voie, n'était arrêtée que par son ignorance du personnel et par la crainte de se tromper dans les révocations et dans les choix. Les ministères étaient peuplés des employés de la royauté, et on ne pouvait pas songer à leur demander des renseignements.

Il fut convenu qu'un vaste travail par département, comprenant tous les fonctionnaires publics des diverses administrations, indiquant ceux à maintenir et ceux à remplacer, présentant aussi une liste de candidats, serait dressé par les soins des membres composant la réunion du Palais-National et remis à la commission du pouvoir exécutif, à laquelle il pourrait fournir d'utiles renseignements. Le travail fut commencé par les représentants de plusieurs départements ; il y eut même à ce sujet des réunions assez nombreuses dans le salon de Mirabeau à l'Assemblée. Nous avons sous les yeux quelques-unes de ses parties déjà terminées. Singulière ironie du sort ! tous les fonctionnaires indiqués comme devant être remplacés ont été maintenus, beaucoup même ont reçu de l'avancement, et pas un de ceux qu'on signalait à l'attention du pouvoir pour leur intelligence, leur patriotisme et leur dévouement, n'est devenu fonctionnaire public.

Est-ce donc que le projet de la commission exécutive n'était pas juste et raisonnable ? ou plutôt n'est-ce pas que depuis lors le dévouement à la République a été le plus inutile des titres pour être appelé à la servir ?...

On le voit, le parti avancé de l'Assemblée n'avait pas intérêt à renverser la commission exécutive. Les attaques dont elle était l'objet de la part de la droite et des membres de la rue de Poitiers, étaient au reste un motif suffisant pour la soutenir et la défendre. Nous l'avons dit au début de ce livre, ce fut un défaut de la constituer ; il eût été préférable pour l'Assemblée de gouverner elle-même par l'organe de ses ministres, ou du moins de conserver le Gouvernement provisoire. Mais enfin la commission exécutive était créée, elle acceptait les inspirations, on pourrait dire presque la direction d'une grande fraction de l'Assemblée; comment se fait-il que ce soient précisément les membres de ce parti qui aient eu les premiers la pensée de la renverser ?...

Ce sont là les mystères et les lâchetés de la politique. Les gouvernements ne se préoccupent jamais que de leurs adversaires, et presque toujours ils périssent par leurs amis, soit que ces derniers les abandonnent, soit qu'ils les trahissent.

Les promoteurs de la commission exécutive déclaraient que désormais son gouvernement était impossible. D'un autre côté, les services éminents du général Cavaignac n'étaient contestés par personne; ceux-là mêmes qui devaient bientôt l'abreuver de dégoûts et de calomnies étaient à ses pieds, et lui décernaient le titre de sauveur de la France. Son aptitude pour les matières d'État s'était révélée à tous les yeux ; le pouvoir lui fut remis.

Voici le texte du décret qui fut proposé par M. Martin (de Strasbourg), et adopté par l'Assemblée :

« L'Assemblée nationale confère le pouvoir exé-
» cutif au général Cavaignac, qui prendra le titre
» de président du conseil des ministres et nom-
» mera le ministère. »

Il était quatre heures. A huit heures du soir, le nouveau ministère était ainsi composé :

Intérieur	MM. SENARD.
Affaires étrangères	BASTIDE.
Finances	GOUDCHAUX.

Justice	BETHMONT.
Guerre	LAMORICIÈRE.
Instruction publique.	CARNOT.
Agriculture et Commerce	TOURRET.
Travaux publics.	RECURT.
Marine	LEBLANC.

VII.

L'ère nouvelle qui s'ouvrait devant l'Assemblée, après tant et de si cruelles agitations, lui permit de se livrer enfin aux importants travaux qui appelaient sa sollicitude.

Adoptant l'usage des anciennes assemblées, qui se divisaient en bureaux où chaque membre se trouvait périodiquement appelé par le sort, elle avait introduit dans ses travaux un second mode, celui des comités correspondant aux différentes branches du service administratif, et dans lesquels les représentants avaient été appelés selon leur spécialité présumée.

Cette organisation toute nouvelle a rendu de véritables services.

On a pu reprocher avec raison au comité des finances un esprit d'envahissement et une tendance à tout absorber, depuis l'instant surtout où M. Thiers fut entré dans son sein. Quelques autres comités n'ont pas répondu parfaitement peut-être à leur destination; mais il n'est pas moins constant que des lois importantes ont été élaborées par les comités, et que les hommes studieux trouvèrent, dans la série des travaux qui furent successivement mis à leur ordre du jour, le moyen d'utiliser leur aptitude et leurs connaissances. Beaucoup d'hommes éminents n'ont jamais abordé la tribune, qui pourtant ont rendu de véritables services dans les travaux des comités.

On ne sait pas assez combien la session de la Constituante a été chargée de travaux, et quelle laborieuse préparation chaque projet avait reçue avant d'être soumis à la discussion publique.

Le lecteur n'attend pas que nous énumérions ces travaux. Il faudrait des volumes, rien que pour analyser les procès-verbaux des divers comités. Nous nous contenterons donc de signaler, comme nous l'avons déjà fait, leur action et leur influence sur la marche des événements.

Ainsi, à l'époque où nous sommes de ce récit, les artistes se trouvaient à Paris dans la plus déplorable des situations. Les gens riches continuaient à bouder la Révolution; ils avaient fui

Paris, et la nouvelle Athènes n'avait plus que des théâtres déserts et des ateliers délaissés.

Le comité de l'Intérieur s'émut de cette situation ; et, le jour même où par notre organe il demandait à l'Assemblée le vote d'un monument à la mémoire de l'archevêque de Paris mort sur les barricades de Juin, il obtenait des crédits extraordinaires pour encouragements aux beaux-arts, aux belles-lettres et aux théâtres de Paris ; décisions qui doivent être signalées et qui prouvent bien l'excellence du gouvernement républicain, puisqu'au milieu même des péripéties les plus graves, il sait se préoccuper encore de l'intérêt des arts et ne pas oublier l'idéal, lors même que la misère et la faim le sollicitent.

Le comité de l'Intérieur aurait désiré pouvoir faire davantage, mais les ressources du budget lui commandaient de se borner. Les noms de MM. David (d'Angers), Albert de Luynes, Crépu, Allier, Félix Pyat, Renouvier, Ferdinand de Lasteyrie, Léon de Maleville, etc..... qui prenaient part à ses délibérations, étaient au reste la meilleure des garanties pour l'intérêt des arts et des artistes.

Ce fut pendant la discussion des décrets dont nous venons de parler, que M. David (d'Angers) apporta au comité, sous forme de note, un projet qui fut adressé au ministre de l'Intérieur, et qui mérite d'être conservé autant pour les bonnes indications qu'il contient que pour le nom éminent qui s'y rattache.

M. David (d'Angers) a été l'un des membres les plus assidus de l'Assemblée constituante. Prenant son mandat au sérieux, persuadé, selon son expression, que dans les jours de lutte l'artiste doit renoncer aux joies intimes de l'atelier pour se dévouer tout entier à ses devoirs de citoyen, il était toujours le premier à son poste, étudiant les questions les plus ardues et les plus étrangères à son art, et apportant à la discussion une ardeur tout à fait juvénile.

Voici le texte de sa proposition, adressée par le comité, au ministre de l'Intérieur :

Note adressée à M. le Ministre de l'intérieur par le comité de l'Intérieur, sur la proposition de M. David (d'Angers).

Citoyen Ministre,

Parmi les travailleurs qui souffrent, se trouve une classe nombreuse et digne du plus vif intérêt, nous voulons parler des artistes. On a vu, dans ces derniers et tristes jours, des hommes distingués, des élèves de l'école de Rome, poussés par la misère, venir s'embrigader dans les ateliers nationaux. Cette déplorable ressource leur manque aujourd'hui, et le comité de l'Intérieur, profondément ému du malheur qui frappe les enfants de l'intelligence, ces archivistes des peuples, chargés de léguer à l'avenir les glorieuses annales de l'humanité, vient vous prier de décréter d'urgence l'achèvement de quelques-uns de nos monuments et d'en créer de nouveaux.

Le comité vous signale en première ligne le Panthéon comme devant recevoir, sous la République, l'empreinte définitive de sa glorieuse destination. C'est un grand livre dont les pages attendent l'inscription de nos archives nationales. Couvrir les murs intérieurs de fresques et de peintures, dresser sous les voûtes les statues des hommes dont la France s'honore, orner l'extérieur de bas-reliefs, voilà de puissants moyens d'encourager les arts. Dans ces décorations artistiques, il ne faudrait pas se borner à une seule époque. Tout ce qui fut utile à la patrie, toutes les actions qui contribuèrent à sa gloire méritent d'être retracées pour l'enseignement patriotique des générations futures. Naguère encore les rois avaient leurs musées ; il est temps que le peuple ait le sien, digne de sa grandeur et de sa majesté!... Le jour où les populations trouveront dans nos monuments de grandes leçons de patriotisme et de dévouement, l'art sera véritablement digne de sa mission civilisatrice.

Le comité pense qu'on devrait arrêter en principe l'érection de statues des hommes célèbres de toutes les époques pour décorer l'avenue des Champs-Élysées et relier ainsi l'arc de l'Étoile à la place de la Concorde.

Il ne faut pas s'effrayer de ces travaux gigantesques en apparence ; les difficultés ne sont point insurmontables, financièrement parlant, car il faudrait plusieurs années pour l'achèvement de ces travaux, et il suffirait, pour secourir les artistes, de leur donner des à-compte successifs sur les œuvres commencées.

Les départements ne doivent point être oubliés dans cette répartition. Il faut que le goût des arts se répande jusque dans les provinces les plus reculées ; il faut le populariser, en plaçant les statues, les portraits des grands hommes dans les lieux qui les virent naître.

Le gouvernement, tout en favorisant les artistes d'un talent éprouvé par des commandes importantes, ne doit pas oublier les femmes artistes auxquelles il faut ouvrir des travaux secondaires.

Les graveurs en taille-douce souffrent cruellement; pourquoi laisser inachevées les planches des grands ouvrages scientifiques entrepris depuis longues années? En accordant à chaque graveur connu une ou plusieurs planches, on pourrait terminer promptement des ouvrages que les sciences réclament, et soulager ainsi de nombreux artistes bien dignes d'intérêt.

Il y aurait lieu de faire quelques avances aux éditeurs qui ont été forcés de suspendre la publication d'ouvrages importants.

Sous la monarchie, il était d'usage, après l'exposition, de consacrer une certaine somme à l'achat des œuvres qui avaient obtenu l'assentiment du public. Cette tradition ne doit pas être perdue, et le Salon de cette année offre plusieurs œuvres dignes d'être admises par la République.

Voulez-vous faciliter la vente des ouvrages d'art, ouvrez jusqu'au mois de mars prochain une exposition permanente, soit à l'Élysée-Bourbon, soit au Palais-National, et vous verrez les étrangers venir à cette galerie, tandis qu'ils ne peuvent visiter les tableaux et les statues disséminés dans les ateliers.

Le comité soumet ces notes au ministre, en lui faisant observer que chaque jour voit s'accroître la misère des artistes; que leur malheureuse situation exige de prompts secours, et que la France se doit à elle-même de protéger les arts, qui ont tant contribué à la placer au premier rang parmi les nations.

Le comité croit que pour donner une impulsion salutaire aux beaux-arts, que pour surveiller utilement l'emploi des sommes votées par l'Assemblée nationale, il y aurait lieu, de la part du citoyen ministre de l'intérieur, à nommer une commission composée d'artistes et d'amateurs qui porteraient tous leurs soins sur cet intéressant objet.

Les présidents :	*Les secrétaires :*
Crépu, Frichon aîné.	Chavoix, L. Babaud-Laribière.

VIII.

Chaque insurrection comprimée devient le signal d'une tentative contre la liberté. Les journées de Juin n'ont pas échappé à ce déplorable résultat.

Déjà le vote de l'enquête était une première victoire pour la réaction, qui grandissait chaque jour dans le sein de l'Assemblée nationale. Ce n'était pas assez ; le Gouvernement lui fournit l'occasion de gagner encore du terrain et de satisfaire plus largement ses rancunes en proposant successivement les décrets sur les clubs, sur les cautionnements des journaux, et sur la répression des crimes et délits commis par la voie de la presse.

Ces décrets devinrent l'occasion de discussions irritantes. Les membres de la réunion de la rue de

Poitiers exploitèrent habilement l'émotion de Juin et la peur qui s'était emparée d'un grand nombre d'esprits ; ils obtinrent alors de la majorité ce qu'elle aurait énergiquement refusé dans les premiers jours de l'Assemblée. Les républicains furent consternés de ces atteintes successives aux principes de la Révolution, et dès ce jour des doutes commencèrent à s'élever dans leurs rangs sur les intentions du chef du pouvoir exécutif.

IX.

Pendant que cette transformation des partis s'opérait dans l'Assemblée, et que la montagne se constituait en opposition sous la direction de M. Ledru-Rollin, un homme plus hardi jetait le défi à la société tout entière, dont il demandait la *liquidation*. Arrêtons-nous quelques instants devant ce nom célèbre déjà, et sur lequel se concentraient alors toutes les colères et toutes les déclamations de la bourgeoisie.

M. Proudhon a écrit le livre des *Contradictions*. Ce titre résume tout son talent. Doué d'une audace sans seconde, possédant tous les secrets de la science économique et toutes les merveilles du style, cet homme étonne lorsqu'on le contemple, et l'on ne sait ce qu'il faut le plus admirer de son orgueil ou de son génie. Est-ce un homme de foi ? Est-ce un athée ?... On ne sait, car en parcourant ses ouvrages on y trouve des pages d'une grande élévation et d'une touchante magnificence sur le rôle de la Providence dans ce monde, à côté de négations audacieuses de Dieu et de sa puissance.

Donnez à M. Proudhon une idée qui séduise son esprit, il va en faire surgir des conséquences que personne encore n'avait soupçonnées. C'est l'improvisateur le plus merveilleux et le plus séduisant qui existe dans le monde politique, et, chose admirable ! tous les développements de sa pensée, tous les enfantements de son imagination paraissent clairs, logiques, simples, vrais ; ils subjuguent parce qu'ils s'enchaînent sans effort, parce qu'ils naissent les uns des autres naturellement et sans contrainte. C'est dans la science économique l'art merveilleux du conteur arabe dans les *Mille et une Nuits*.

Si l'idée première de M. Proudhon est vraie, elle conduit raisonnablement l'écrivain à des conséquences que tout le monde comprend et que tout le monde accepte. Nul ne sait mieux dire que lui tout ce que contient un principe..... Mais si par malheur l'idée est fausse, comme ce génie inflexible la poursuit avec la même audace, il arrive alors à des résultats effrayants. C'est ce qui a soulevé tant de colères et d'imprécations contre lui.

Doué d'un enthousiasme calme et réfléchi, se plaisant aux difficultés de la science, trop orgueilleux pour jamais douter, il démolit l'ordre social froidement, sans s'inquiéter des ruines, sans se douter que l'humanité peut le maudire et la nature même s'effrayer de son courage.

On a beaucoup parlé du scepticisme de Voltaire, de son audace pour détruire..... Qu'était-ce auprès de M. Proudhon? Il a toute la science et l'admirable clarté de style du philosophe du dix-huitième siècle, et de plus il possède une raison orgueilleuse que rien ne peut effrayer et qui ne transige jamais. Ce n'est pas lui qui aurait flatté le grand Frédéric.....

L'exposition de ses idées économiques dans l'Assemblée nationale mérite d'être signalée. Il avait proposé une retenue du tiers des fermages, des loyers, des intérêts de capitaux, au profit de l'État et des prolétaires ; ce fut l'occasion d'un duel parlementaire entre M. Thiers et lui; le combat commença au sein du comité des finances pour se terminer dans l'Assemblée.

Évidemment le système de M. Proudhon était faux et impraticable. Retenir à tout le monde n'eût enrichi personne, et vouloir le faire c'était tarir dans sa source la richesse nationale et arriver infailliblement à un appauvrissement général.

Mais ce qui reste aujourd'hui de cette grande discussion, c'est que, dans les développements de son audacieuse théorie, on rencontre de grandes et incontestables vérités, tandis que M. Thiers ne sut amasser que des lieux communs, des raisons misérables pour le combattre. Son discours, rempli de sophismes ou de banalités, ne contient rien de mieux que son livre *De la propriété*, qui serait morte si elle n'avait pas de meilleures raisons d'exister, si elle n'était pas inscrite par Dieu lui-même en caractères ineffaçables dans le cœur et dans la conscience de l'homme.

Pourtant, dans l'Assemblée, il ne se trouva qu'un seul homme, M. Greppo, pour donner raison à M. Proudhon. Ce qui ne veut pas dire que l'Assemblée approuvait absolument la théorie de M. Thiers. Aux yeux de beaucoup de représentants ils avaient tort tous les deux, car ni l'un ni l'autre n'étaient entièrement dans la vérité.

X.

M. Bauchart avait déposé le rapport de la commission d'enquête. Sa lecture souleva les passions de l'Assemblée. C'était une œuvre à la fois maladroite et perfide. Comme déclaration de guerre et levée de boucliers d'un parti, ce rapport ne disait pas assez; comme document historique, il disait beaucoup trop, puisque la passion et la rancune y prenaient souvent la place de l'impartialité.

Commencé le vendredi 25 août, à midi, le débat sur l'enquête ne se termina que le lendemain à six heures du matin. Pendant que Paris dormait, le Palais-Bourbon était le théâtre d'une de ces luttes qui comptent dans l'histoire et qui pèsent sur la destinée des États. Paris se réveilla pour apprendre que l'Assemblée venait de livrer à la justice deux des élus du peuple.

Triste retour des choses humaines! ceux qu'on

poursuivait alors étaient quelques mois avant les favoris de la popularité. Tout semblait leur sourire. L'un tenait dans sa main vigoureuse les destinées et le repos de Paris : porté à la préfecture de police par la vague révolutionnaire, il s'était imposé pour mission de discipliner, d'apaiser les éléments soulevés des plus bas fonds de la société, et qui pouvaient faire en un jour, de la capitale du luxe et des arts, quelque chose d'informe qui n'aurait pas de nom dans une langue humaine, espèce de chaos et d'enfer où le crime s'étalerait avec orgueil, où la débauche la plus honteuse trônerait sans vergogne, où la misère et le vice, où le dévergondage et la paresse, le cynisme et la perversité prendraient la place de l'ordre et de l'honnêteté... Tous les esprits peureux et égoïstes se croyaient alors menacés ; dans leur trouble, ils voyaient la propriété compromise, l'honneur des familles en danger; ils tremblaient comme à la veille d'un cataclysme social. Ces frayeurs ne cédèrent que devant l'attitude énergique de M. Caussidière.

Il faut convenir que la nature l'avait merveilleusement servi pour le rôle qu'il remplissait alors. Homme aux formes brusques et à l'esprit subtil, mélange de bonhomie et de rudesse, cachant sous les aspérités de son enveloppe un rare bon sens, rudement éprouvé par le malheur, connu du peuple des faubourgs dont il aimait à partager la vie et les habitudes, soit pour le mieux connaître, soit pour le mieux dominer, tel était M. Caussidière au 24 février.

Improvisé préfet de police, on lui doit la justice de dire qu'il s'éleva du premier coup à la hauteur de cette difficile et dangereuse situation. Faire de l'ordre avec du désordre, selon sa pittoresque expression, tel était le problème à résoudre. Il y apporta toute l'énergique ardeur de son tempérament.

M. Caussidière est un véritable colosse. Il y a chez lui quelque chose qui rappelle l'Hercule antique, et, chose rare ! il unit une véritable finesse d'esprit à ces formes athlétiques. Orateur singulier, il a toutes les hardiesses de l'éloquence faite pour séduire la foule, et jusque dans les trivialités de son langage vous retrouvez cependant plus d'un trait ingénieux, une finesse étrange, dépaysée pour ainsi dire, mais dont on subit l'empire avec charme. Ce n'est ni le langage du tribun, ni le discours de l'orateur érudit, ni la causerie de l'homme d'affaires, ni l'oraison froide et méthodique du savant ou de l'académicien ;

peut-être y a-t-il de tout cela un peu, mais tellement amalgamé qu'on ne peut dire quel côté y domine, qu'on ne peut surtout louer cette parole bizarre qui pourtant sait se faire écouter. Il faut l'avoir entendu pour s'en former une idée ; on ne saurait imaginer les excentricités de cette improvisation sans seconde, et ceux qui liront les discours de M. Caussidière ne se feront jamais qu'une imparfaite idée de sa manière.

L'autre accusé était M. Louis Blanc.

Bien différent de son compagnon d'infortune, M. Louis Blanc n'avait reçu du ciel ni la stature qui commande à la foule, ni ces avantages physiques qui servent à dominer les masses. D'une taille plus que médiocre, son génie ne se révèle que dans la flamme du regard, et il a dû lui falloir bien des luttes sur lui-même, une étude longue et patiente, un art merveilleux, pour vaincre d'abord et faire accepter ensuite sa nature ingrate.

Écrivain de premier ordre, nous n'avons pas à parler de ce côté de son talent, qui est incontestablement le plus beau et qui fera sa gloire. On connaît ses premiers travaux dans le journal *Le bon Sens*, son *Histoire de Dix Ans*, sa *Revue du Progrès*, son livre sur l'*Organisation du Tra-*

vail, enfin ses deux volumes de l'*Histoire de la Révolution française.* Il y avait là de quoi consacrer à coup sûr une grande réputation littéraire, et pourtant M. Louis Blanc n'était encore qu'aux premiers pas de sa carrière... Heureux s'il lui eût été donné de la suivre paisiblement, et de se consacrer tout entier à la vie des lettres plutôt que d'arriver au pouvoir !

Chez lui l'orateur ne vaut pas le publiciste, non pas que son discours manque de certaines qualités qui assurent d'ordinaire le succès, mais parce qu'il a trop souvent les défauts qui indisposent et irritent l'auditoire. Si M. Louis Blanc pouvait se maintenir dans les limites du vrai et du naturel, s'il ne donnait pas à sa voix un retentissement emphatique, s'il n'imprimait pas à son action un mouvement faux et théâtral, son style clair et rempli d'une noble ampleur en ferait à coup sûr un orateur d'élite. On ne sait quel démon le pousse presque toujours à n'être plus lui-même, et pourquoi il s'imagine remplacer avantageusement par une voix redondante, par des gestes immenses, ce qui fait défaut dans sa taille et son attitude.

Il prouva dans sa défense quel admirable talent d'exposition il possède, lorsqu'il sait se maintenir dans les limites de sa nature. Pendant plus de trois heures, il se promena habilement dans tous les détails de l'enquête; on se plaît à le suivre dans ce dédale, et sans quelques mouvements extraordinaires et hors de propos, son discours serait à coup sûr un modèle soit comme historique et enchaînement des faits, soit comme élégante lucidité de style.

Nous n'avons point entendu M. Louis Blanc à la commission des Travailleurs au Luxembourg; mais nous ne saurions croire avec M. Trélat qu'il était parvenu à imprimer sa manière et jusqu'au ton de ses paroles à son nombreux auditoire. L'admirable instinct du peuple n'a pas pu se tromper et se pervertir à ce point : tout ce clinquant sonore, toute cette emphase ne sauraient lui convenir. On lui plaît de deux manières : par une simplicité calme et vraie, ou bien par une grande passion oratoire, fût-elle même dévergondée; M. Louis Blanc n'a montré ni l'un ni l'autre de ces genres de talent.

Ce qui a dû plaire chez lui, c'est le fond même de ses idées. Sa doctrine, voilà tout le secret de sa popularité d'un instant et de son empire passager sur la foule.

Comment, en effet, pouvait-il en être autrement?

XI.

Unir la formule révolutionnaire de nos pères par le lien de la solidarité ; — déclarer une guerre à outrance à la concurrence illimitée ; — ranger tous les travailleurs sous l'inflexibilité d'un niveau brutal sans doute, mais qui, par cela même, doit plaire au plus grand nombre, aux ignorants et aux paresseux ; monopoliser toutes les industries au profit de l'État, qui deviendrait le seul distributeur de la richesse publique ; — c'en était sans doute assez pour exalter la foule, assez même pour troubler, à l'insu du prédicateur, plus d'une imagination aigrie par la souffrance.

Il nous est bien facile de découvrir les défauts du système de M. Louis Blanc. Notre raison se révolte contre la plupart de ces doctrines qui détruiraient à coup sûr tout ce qu'il y a de bon et de vrai dans l'individualité humaine, et qui seraient déjà un malheur immense pour l'humanité, n'eussent-elles pour résultat que d'établir l'odieuse et ridicule égalité des salaires.

Mais si nous pouvons ainsi discerner les sophismes semés dans ses livres au milieu de vérités éclatantes, faut-il nous étonner que la naïveté du peuple s'y trompe un instant, et devons-nous surtout rendre l'homme responsable de l'erreur du penseur; faut-il méconnaître ce qu'il y a de généreux dans les intentions et de juste parfois ?

M. Louis Blanc fut vivement défendu par M. Bac. Ce discours honore plus le cœur du représentant de Limoges que son talent.

Comment se fait-il que M. Bac ne se soit pas placé dès le début au rang des premiers orateurs de l'Assemblée ?... Les circonstances lui auraient-elles manqué; ou bien les avocats seraient-ils quelquefois impropres à l'éloquence parlementaire ?... Il y a plus d'un exemple d'avocats dont l'éloquence est venue se perdre dans les assemblées délibérantes. Boncenne, l'illustre professeur de Poitiers, n'a jeté qu'un pâle reflet dans la chambre des Cent Jours. On connaît le rôle de Michel (de Bourges) dans une des chambres du dernier règne. Pareil sort serait-il réservé à M. Bac ?... — Non, car il a tout ce qui fait le grand orateur : l'enthousiasme, la foi, la science et l'organe. Un jour ou l'autre, il se placera parmi les premiers orateurs.

A quoi aurait pu servir, au reste, une défense plus complète, plus habile?... MM. Caussidière et Louis Blanc étaient condamnés d'avance par la majorité : elle les livra à la justice, comme les partis livrent toujours leurs ennemis politiques, sans songer que ce vote pouvait devenir un jour l'occasion de tristes représailles, et sans comprendre qu'il n'apaiserait pas surtout les exigences de la réaction, qui commençait à devenir toute-puissante.

M. Cavaignac commit dans cette circonstance une faute immense. Le débat sur l'enquête était ouvert; il aurait produit son effet moral; rien ne commandait au pouvoir de s'y mêler en demandant l'autorisation de poursuites contre MM. Caussidière et Louis Blanc. Cette rigueur était à la fois injuste, inutile et maladroite; rien ne la justifiait, si ce n'est la rancune et la haine des royalistes. M. Cavaignac aurait dû leur résister, car on ne gagne jamais à pactiser ainsi avec des ennemis politiques; on s'aliène l'affection et la confiance de ses amis, et les adversaires n'en deviennent que plus insolents et plus injustes.

Plusieurs représentants, M. Laurent (de l'Ardèche) entre autres, l'avaient vivement pressé de ne pas céder aux haines qui s'agitaient autour de lui, et de ne pas permettre la demande d'autorisation de poursuites. Au milieu de la séance, on espérait encore qu'il écouterait ces sages conseils. Aussi il y eut un frémissement singulier dans l'Assemblée, lorsque le président donna lecture du réquisitoire du procureur général. La droite était radieuse; mais il y avait désormais un abîme entre l'extrême gauche et M. Cavaignac. La joie des royalistes était d'autant plus grande qu'ils l'avaient compris, et qu'en divisant les républicains, ils espéraient les compromettre et les perdre.

MM. Caussidière et Louis Blanc furent livrés à la justice.

XII.

La commission de Constitution avait poursuivi le but de ses travaux avec une infatigable activité. Elle n'était cependant pas égale à l'impatience du public, car au milieu des agitations et des douleurs de la société, beaucoup de gens croyaient ou feignaient de croire que le vote de la Constitution serait un remède souverain et efficace.

Depuis la Révolution, l'opinion publique avait toujours eu de pareilles espérances. D'abord, ce fut la réunion de l'Assemblée nationale : elle devait mettre un terme à toutes les souffrances. Ensuite c'était du vote de la Constitution qu'on attendait merveille. Une fois promulguée, le crédit ne manquerait pas de renaître, les transactions reprendraient leur cours, le calme descendrait dans les esprits, la confiance dans les cœurs; et la France, désormais paisible, sortirait enfin de la crise fiévreuse où elle se trouvait encore.

Espérances folles, car, après le vote de la Constitution, nous verrons les mêmes désirs se manifester pour l'élection immédiate du président de la République; et après lui, c'est sur l'Assemblée législative que se reporteront les illusions de l'opinion publique.

Hélas! le bonheur des peuples ne se décrète pas ainsi, car il ne saurait dépendre immédiatement du texte inanimé d'une constitution. Il faut que les institutions nouvelles pénètrent dans les mœurs; il faut que ces institutions prennent racine au cœur même des populations; il faut enfin, pour tout progrès, pour toute amélioration, ce que Dieu lui-même emploie pour ses œuvres : le temps. Les impatiences et les agitations sont impuissantes ; elles ressemblent à ces chaudes et insolites journées d'hiver qui font bourgeonner quelques plantes, éclore quelques fleurs que la gelée emportera bientôt, car le printemps n'est pas encore venu. — Espérances trompeuses, impatiences déraisonnables, que de mal vous nous avez fait !.... Il fallait étudier patiemment, sans relâche, un à un, les grands problèmes sociaux qui sollicitent aujourd'hui une solution. Au lieu de cela, la partie extrême de l'Assemblée, dans sa généreuse ardeur pour le bien, s'est toujours obstinée à tout faire du même coup et au même instant ; son impatience ne souffrait point de retard, et nous l'avons vu considérer comme du temps perdu le temps indispensable cependant à l'étude des lois et des propositions. L'histoire dira de ses membres qu'ils avaient un admirable courage révolutionnaire, beaucoup de sincérité, un désir ardent pour le bien, mais qu'ils manquaient absolument de l'habitude pratique des affaires. Encore une fois, les institutions ne s'improvisent pas ; elles ont un indispensable besoin des secours de l'étude et du temps. Le peuple qui dans un seul jour brise un trône et chasse un roi, ne peut qu'à la longue adopter des institutions nouvelles et transformer ses habitudes et ses mœurs.

L'Assemblée avait donc bien fait de résister à l'impatience publique et de donner toutes les garanties possibles à l'étude et à la discussion de la Constitution. Sur la demande de M. Pleignard, il fut décidé que le travail de la commission, avant d'être livré à la discussion publique en assemblée générale, serait soumis aux bureaux qui transmettraient leurs observations à la commission de Constitution, par l'organe de nouveaux commissaires. La discussion se trouverait ainsi débarrassée d'une foule d'amendements oiseux ou inutiles, et au jour du vote chaque représentant aurait fait de la sorte une étude approfondie de tous les articles du projet.

Cet examen dans les bureaux dura un mois. Dès cet instant, les prétentions des partis se montrèrent avec une extrême ardeur. Les républicains s'attachèrent à peu près unanimement à maintenir les principes posés dans le projet, tandis que les réactionnaires s'efforcèrent de changer quelques-unes des dispositions importantes.

Ils insistèrent surtout pour :

La suppression du droit au travail ;

La division de l'Assemblée nationale en deux chambres ;

Le maintien du remplacement militaire.

Dans le 3ᵉ bureau, présidé par M. Thiers, la lutte fut très-vive. Dès ce moment, M. Thiers était devenu le chef de la réaction ; il épuisa tout ce que son esprit possède d'habileté et de sophismes, pour enlever au projet de constitution le caractère démocratique que ses auteurs s'étaient efforcés de lui donner.

XIII.

A peine remise des tristes émotions de la discussion sur l'enquête, l'Assemblée eut à examiner plusieurs projets importants. Le décret relatif à la durée du travail dans les manufactures devint l'occasion de quelques discours remarquables, parmi lesquels il faut citer celui de M. Pierre Leroux.

Ce philosophe est aussi instruit que convaincu. Nourri de l'étude de l'antiquité, absorbé depuis longtemps dans la contemplation des civilisations évanouies, il possède admirablement l'histoire de toutes les religions du passé, de tous les dogmes, de toutes les théologies. Pour M. Pierre Leroux, l'humanité est un être sans cesse renaissant, qui s'avance en se perfectionnant, dans le temps et l'espace : l'homme, *sensation-sentiment-connaissance* indissolublement unis, ne saurait s'abstraire, dans un individualisme honteux, de ce tout magnifique, et c'est à le rattacher à l'humanité par les liens de la solidarité, que la philosophie doit constamment s'appliquer.

Au reste, M. Pierre Leroux n'est pas seulement un penseur; c'est encore, c'est surtout un critique remarquable. A côté de ses travaux dans l'*Encyclopédie nouvelle* et de son livre de l'*Humanité*, on doit placer la réfutation de l'*Éclectisme* et ses lettres sur le *Fouriérisme*.

Cette profondeur et cette diversité d'études n'empêchent pas M. Pierre Leroux d'être un orateur désagréable à entendre et très-peu goûté dans les assemblées délibérantes. Il y a chez lui plus de science qu'on n'en rencontrerait chez vingt discoureurs agréables; chacun de ses discours est un livre important, un véritable traité *ex professo;* il apporte à l'appui de ses opinions le résultat de longues et patientes études, une bonne foi incontestable, un dévouement inaltérable, et cependant on ne l'écoute pas; très-peu même parmi ses amis cherchent à le comprendre.

C'est qu'il n'a rien de ce qui plaît à la foule; son discours manque de sobriété et d'action; préoccupé de la pensée de convertir, il oublie de charmer. Comme un savant en présence d'une académie, il ne se souvient plus des éléments qui occupent son auditoire; et, tant ces grands problèmes de la philosophie lui paraissent simples et faciles! il entre parfois, marcheur infatigable et endurci, au milieu des difficultés, sans songer à déblayer le chemin trop ardu pour les pieds délicats. — L'habitude de vivre avec les livres rend ainsi; on s'accoutume aux entretiens des morts, et lorsqu'on parle aux vivants, on oublie souvent que ce langage est trop élevé pour eux.

Joignez à ces inconvénients une forme agreste et sans élégance, une bonhomie monotone, un geste de curé de village, un organe voilé, vous aurez le secret du peu de succès que M. Pierre Leroux obtient à la tribune.

Un jeune représentant, M. Buffet, essaya de répondre au philosophe : c'était la netteté du langage opposée aux longueurs scientifiques; la finesse, le trait, parfois l'esprit succédant aux raisonnements impitoyables de la statistique, aux aperçus élevés, mais voilés par la majesté même ; c'était enfin la lutte du scepticisme contre la foi, le raisonnement de l'homme satisfait du temps présent, qui se complaît dans le meilleur des mondes possible. S'adressant à une assemblée attristée, fatiguée et tout heureuse d'échapper aux incertitudes où l'avait plongée la parole du philosophe, M. Buffet devait obtenir un grand succès. On aime tant à être rassuré sur les difficultés de l'avenir, il est si doux de croire que le présent ne saurait être troublé, qu'une science facile et toute faite répond complétement aux exigences sociales, et qu'il n'y a rien de vrai et de raisonnable au-delà des faits accomplis!

M. Buffet est du reste un orateur disert, simple, maître de sa parole, et conduisant avec art ses périodes arrondies. A la lecture, son discours ne saurait être sérieusement opposé à l'œuvre de Pierre Leroux. A chaque phrase, on retrouve le sophisme et on le quitte bientôt, après s'être convaincu de l'inanité de ces négations économiques dont M. Buffet paraît être l'adepte. Mais tout ce style simple, presque naïf, charme les auditeurs : il ne leur faut pas d'efforts d'imagination pour suivre l'orateur, et le plus grand nombre applaudissait à cette causerie qui laissait le cœur en repos et l'intelligence sans fatigue.

M. Pierre Leroux touche et attendrit. Parfois même, en dépeignant les misères humaines, il nous rend malheureux de tout le bonheur qui manque à nos frères.

M. Buffet endort et rassure. Il a d'excellentes raisons pour approuver la quiétude : sa logique conseille le repos; sa science consiste à jeter un voile sur les terribles problèmes du présent et de l'avenir.

Lequel l'Assemblée devait-elle préférer, celui qui avertit, fût-ce même en les exagérant, des malheurs de l'avenir, ou celui qui se plaît à endormir peut-être sur le penchant d'un abîme?... Sa réponse ne fut pas instant douteuse : soit fatigue, soit ignorance, soit égoïsme, elle donna raison au scepticisme et aux négations économiques de M. Buffet, contre la science et les prévisions de M. Pierre Leroux.

LIVRE III.

I.

Le rapport définitif sur le projet de Constitution fut apporté à l'Assemblée par M. Armand Marrast. C'était une œuvre lucide et élégante, sans grande élévation dans la pensée, sans emphase dans les mots, mais d'un bout à l'autre sévère et correcte. Ce rapport, ou plutôt ces rapports, — car il y en eut deux, l'un avant la discussion générale, l'autre après, — évitaient avec beaucoup de soin de soulever les questions philosophiques et d'économie sociale qui étaient depuis longtemps dans la polémique, et qui allaient nécessairement se révéler à chaque article du projet de constitution. L'ancien rédacteur en chef du *National* était trop habile pour prendre ainsi parti, de gaieté de cœur, dans ces irritantes et dangereuses questions de principes. On risque de se compromettre pour l'avenir en discutant tel système philosophique qui peut triompher un jour ; et pour ceux qui ambitionnent le pouvoir, il est plus prudent de rester dans ces généralités de critique qui maintiennent et consacrent la renommée et laissent l'homme d'État possible pour telle ou telle éventualité.

Au reste, le rapporteur eut raison peut-être de ne pas aborder les problèmes d'économie sociale, car l'Assemblée n'était pas de tempérament à les discuter et à les résoudre ; c'était bien assez pour elle d'avoir à consacrer quelques grandes réformes politiques.

Cette impuissance se manifesta dès le début de la discussion.

Le projet contenait une déclaration des droits et des devoirs du citoyen. On proposa de la supprimer, et l'Assemblée se trouvait engagée dans une discussion confuse, dans un pêle-mêle de discours incohérents, sans suite et sans élévation, lorsque M. Lamartine prit la parole. Grâce à lui, la pensée philosophique, la vie, l'idéal furent acceptés.

La Constitution serait-elle une œuvre morte, un texte froid et brutal, une suite d'articles inertes, sans grandeur et sans animation; ou bien le temple aurait-il un péristyle, l'œuvre serait-elle animée d'un souffle puissant, les générations à venir y trouveraient-elles une pensée vivante, grandiose, destinée à illuminer constamment la loi écrite?..... Telle était la question.

Après le discours de M. Lamartine, le principe de la déclaration des droits et des devoirs fut voté. Ce résultat suffirait pour honorer un nom vulgaire ; il ne fit qu'ajouter un titre nouveau à la gloire du poète.

Oui, poète! car ses amis sont bien maladroits, qui veulent obscurcir son auréole sous la renommée de l'homme politique. Le poète ne résume-t-il pas encore, comme dans les temps antiques, tout ce qu'il y a de noble, de bon et d'élevé?... N'est-il pas le prophète, l'historien, l'homme public, celui qu'un mot définissait admirablement, le *vates* enfin ?...

Il faut ne pas comprendre la véritable grandeur de M. Lamartine pour trouver mauvais qu'on parle de sa poésie. Comme il était beau, dans cette première discussion du projet de Constitution ! sa parole rhythmée tombait harmonieusement sur l'Assemblée ravie ; parfois des traits de flamme parcouraient l'enceinte, lorsque son bras majestueux indiquait le ciel et qu'il prenait Dieu à témoin de la sincérité de sa parole ; ou bien, lorsque faisant un retour sur les jours difficiles du passé, il évoquait les sublimités de la Révolution, il racontait d'un mot le courage et l'abnégation du peuple... On eût dit que la lyre éolienne était suspendue sur la tribune, et qu'un souffle céleste la faisait vibrer. Ce fut surtout lorsque des murmures inconvenants essayèrent de jeter l'ironie sur son passé, que l'orateur se déploya dans toute sa magnificence. Je voudrais ouvrir mon cœur, s'écriait-il, le dérouler page à page ; vous n'y trouveriez pas une mauvaise action, pas un désir même à flétrir. Il avait raison, son âme est de celles que l'inspiration peut emporter dans son souffle puissant, mais c'est toujours au haut des cieux, sans qu'elle puisse retomber jamais dans le marais impur de l'égoïsme, de la haine, de la peur, de l'envie, des mauvaises passions en un mot.

Il y a chez M. Lamartine une élévation de sentiment, un cachet poétique, quelque chose d'instantané, d'extraordinaire et d'imprévu, dont on subit l'empire, mais qu'on ne saurait analyser. Faut-il dire que son geste est superbe, que sa voix chante plutôt qu'elle ne parle, que parfois elle tombe en cadences trop voilées, qu'il se plaît à agrandir les questions, que Dieu se mêle toujours à son discours, qu'il aime à consoler la souffrance, que sa politique est plutôt sentimentale que sévère, que du premier mot il déploie ses ailes et plane dans toute sa majesté, dédaignant les moyens vulgaires et les sentiers battus, attendant tout de l'inspiration, et trouvant le plus souvent dans un mot jeté sans art, mais à propos, le secret de frénétiques applaudissements. Tout cela ne saurait donner une idée complète de cette éloquence à part ; il faut l'avoir entendue pour la comprendre.

Au reste, les meilleurs discours de M. Lamartine ne sont pas ceux qu'il a prononcés dans la lourde atmosphère de l'Assemblée. On le voyait trembler, lorsqu'il franchissait les marches de la tribune ; c'est qu'il était à l'étroit dans cette enceinte, et qu'il a besoin des splendeurs du ciel et des mugissements de la foule pour donner libre cours à son inspiration. Tout Paris sait comme son front domine les masses, comme sa voix parcourt avec bonheur les rangs pressés du peuple, et quelle merveilleuse attraction s'établit tout d'abord entre ces hommes incultes et cet orateur rempli de passion. Ne lui parlez pas d'un public d'élite : il y a longtemps que l'académicien a oublié le chemin de l'Institut pour vivre où il y a du bruit, des émotions et des tempêtes. Son éloquence n'est pas faite pour ces succès d'estime qui consacrent la réputation d'un homme de talent : elle n'a ni calme, ni modestie, mais elle exalte et elle enivre.

Aussi, que de beaux discours perdus dans ces ivresses populaires! Là, il n'y a pas de sténographes impassibles pour recueillir les harangues ; comme le vent, sa parole vibrante parcourt l'espace, et, lorsque le calme est descendu sur la terre, il ne reste plus rien, Dieu a tout recueilli.

C'est ainsi que le 15 mai, lorsque Ledru-Rollin et lui arrivaient à l'Hôtel-de-Ville, pressé de parler, il s'écriait : — « Citoyens, la plus belle
» tribune du monde, c'est la selle d'un cheval,
» quand on vient comme moi de rentrer dans
» le palais du peuple et dans le berceau de la
» République, au milieu de cette héroïque garde
» nationale et de ces braves soldats dont la seule
» présence a étouffé la sédition... »

Laissons l'orateur pour parler de l'homme. On connaît toutes les péripéties de cette existence, on sait par quelles misères, par quelles amours, par quelles souffrances il a dû passer. Jeune homme ou poète, père ou homme d'État, il a goûté à toutes les sources enivrantes de la popularité et du bonheur, mais c'est à condition de souffrir les plus poignantes douleurs. Sa jeunesse se partage en privations affreuses et en amours délicieux : la gloire couronne son front et la mort vient lui ravir son enfant adoré ; la Révolution l'élève tout à coup à des hauteurs de popularité que personne n'approcha jamais, et bientôt il sort du pouvoir méconnu et calomnié... Pourtant, au milieu des orages, son front garde sa sérénité, son cœur reste calme, et, ce qui fera surtout sa gloire, c'est d'être demeuré fidèle à ses sentiments de fraternité, c'est d'avoir su redevenir simple citoyen, sans amertume et sans haine, prêt à servir sans arrière-pensée tout pouvoir qui voudrait affermir glorieusement et généreusement la République, à commencer par celui du général Cavaignac, entre les mains duquel les circonstances et la nécessité avaient temporairement concentré le salut public.

II.

Lorsque M. Lamartine descendit de la tribune, la cause de la philosophie, de l'idéal, de la démocratie était gagnée. Il ne se trouva qu'une imperceptible minorité contre l'adoption d'une déclaration des droits et des devoirs. Ceux qui voulaient renfermer la République dans l'habillement étroit d'une charte constitutionnelle comprirent que leur règne n'était pas encore venu, et qu'ils auraient à compter avec cette Assemblée effrayée par les journées de Juin, mais qui conservait encore, au milieu des craintes exagérées et des provocations insensées, un souvenir et un reflet de son origine.

Le préambule proposé par la commission fut mis en discussion et adopté.

Voici, comme document historique, le projet qui fut rédigé par M. Lamartine après son discours et qui ne fut pas soumis à l'Assemblée.

PRÉAMBULE DE LA CONSTITUTION.

I.

En présence de Dieu, principe des principes, loi des lois, garant de tous les droits, sanction de tous les devoirs, la République française est instituée.

II.

La République française s'impose pour mission de développer de plus en plus les institutions pratiques, les progrès de la raison et les inspirations de la justice qui découlent de la notion de Dieu et de la conscience du genre humain.

III.

Son dogme est l'unité du peuple.

IV.

Elle reconnaît des droits; elle consacre des devoirs.

V.

Les principaux droits que la République reconnaît et garantit à chaque citoyen vivant sous ses lois, sont :

1° Le droit à la liberté de conscience;

2° Le droit à l'existence par le travail, ouvert en cas de nécessité par l'État, et à des conditions d'urgence et de salaire déterminées par l'administration; de sorte que nul individu ne puisse offrir ses bras sans trouver la vie, ni souffrir sans être soulagé sur la surface de la République;

3° Le droit à la protection et à l'inviolabilité de sa personne, de sa famille et de sa propriété de toute nature;

4° Le droit à sa part individuelle de souveraineté du peuple par l'élection ;

5° Le droit à la liberté individuelle dans les limites où cette liberté n'attente pas à la liberté d'autrui ou à la sûreté de la communauté ;

6° Le droit à l'égalité devant la loi, conséquence pratique de l'égalité des hommes devant Dieu ;

7° Le droit de publier sa pensée et ses opinions par la presse, organe de l'initiative et de la propagation des vérités utiles aux hommes ;

8° Le droit d'association et de réunion défini et limité par les lois, de manière à ce que l'association des individus n'empiète pas sur l'association générale qui est la République.

DES DEVOIRS.

Les devoirs de l'homme, corrélatifs à ces droits, consistent dans l'obligation imposée par la justice et par la réciprocité, à chaque citoyen, de respecter et de défendre dans ses frères les droits que ses frères respectent et défendent en lui, et que la République respecte et défend dans tous.

Ces droits et ces devoirs se résument en trois idées que la République énonce au préambule de sa Constitution : Dieu, la Loi, l'Unité du peuple, et dans ces trois mots, inscrits sur le titre des décrets, sur les monuments et sur les drapeaux de la France :

LIBERTÉ, ÉGALITÉ, FRATERNITÉ.

III.

A mesure qu'on s'éloignait des tristes journées de Juin, et que le calme rentrait dans les esprits, les idées de clémence, de pardon et d'oubli pénétraient dans les cœurs.

L'Assemblée avait voté, sous le coup de la guerre civile, et pour ainsi dire aux derniers retentissements de la fusillade, un décret qui prescrivait la transportation au-delà des mers des individus ayant pris part à la sédition. C'était une de ces mesures de vengeance et de colère auxquelles les pouvoirs vainqueurs se laissent trop facilement aller, mais dont le Gouvernement et l'Assemblée eurent la sagesse de tempérer l'exécution. La crainte et l'ardeur étaient si fortes, on désirait tant éloigner pour toujours les fauteurs de guerre civile, que le décret prenait soin d'exclure le territoire de l'Algérie des lieux où pourraient être établis les transportés.

Dès le mois d'août, les idées et les sentiments

s'étaient profondément modifiés. Personne ne songeait plus déjà à exécuter contre les insurgés cette loi terrible de la transportation qui aurait éloigné pour toujours de la mère-patrie une foule d'hommes plus malheureux que coupables. L'opinion publique avait remarqué déjà que les chefs du mouvement, que les instigateurs de la révolte étaient successivement jugés par les conseils de guerre, et que ce qui restait pour la transportation était précisément la partie la moins dangereuse et la moins criminelle des insurgés.

C'est à cette époque que M. Victor Hugo eut la généreuse pensée de constituer une commission volontaire, dont les membres, pris sur tous les bancs de l'Assemblée, accepteraient la mission de visiter les insurgés entassés dans les forts, d'écouter leurs réclamations, d'examiner leur position, de se mettre en rapport avec leurs familles, et de fournir ensuite au Gouvernement les moyens de réparer les nombreuses erreurs qui avaient dû nécessairement se commettre dans cette razzia de prisonniers.

Nous nous réunîmes dans le local du premier bureau, et la commission fut constituée sous la présidence de M. l'évêque Parisis.

Les forts d'Aubervilliers, Romainville, Charenton, Bicêtre, Noisy-le-Sec et Yvry, contenaient les insurgés dont l'affaire était encore en instance. Ceux destinés à la transportation étaient réunis au fort de l'Est. Enfin, les détenus devant être traduits aux conseils de guerre se trouvaient dans le fort de Vanvres.

Nous nous étions distribué les divers forts, et les travaux de la commission allaient commencer, lorsque des entraves venues du ministère de la guerre et de la préfecture de police nous forcèrent à renoncer à ce projet (1).

(1) Voici la lettre qui fut adressée par le préfet de police aux divers membres de la commission de clémence, et qui leur fit un devoir de renoncer à leur projet :

« Paris, 29 août 1848.

» Citoyen et cher collègue,

» Je suis informé que vous vous proposez d'aller visiter les détenus
» des forts. Je rends hommage aux sentiments qui vous ont inspiré
» ce désir, mais permettez-moi de vous soumettre des observations
» qui me sont dictées par l'expérience.

» La multiplicité des visites de la part des personnes les plus cha-
» ritables et les mieux intentionnées, telles que vous, citoyen collè-
» gue, augmente les exigences et l'irritation des insurgés ; le service
» en devient naturellement plus difficile, et le but philanthropique
» n'est pas atteint ; ajoutez que des visites nombreuses, à des heures
» différentes, nécessiteraient un mouvement continuel à la porte et à
» l'intérieur des casemates, et que cette circonstance viendrait encore
» compliquer les embarras administratifs. Il y a une commission of-
» ficielle de douze membres présidée par M. Cormenin, qui s'occupe
» activement, depuis l'organisation des forts en prisons politiques,
» de l'amélioration de la position des détenus, qui surveille sans re-

Il est regrettable que cette pensée philanthropique de M. Victor Hugo n'ait pas été mise à exécution. Elle pouvait produire les plus heureux résultats, et peut-être aurait-elle déterminé soit M. Cavaignac, soit M. Bonaparte, soit l'Assemblée, à donner l'amnistie si souvent promise et toujours obstinément refusée. Le gouvernement de M. Cavaignac, il faut lui rendre cette justice, a bien autant que possible adouci les rigueurs du décret de transportation; sur l'avis de plusieurs commissions spéciales, un grand nombre des insurgés qui furent transportés d'abord sur des vaisseaux en vue de Brest et plus tard à Belle-Ile-en-Mer, ont été rendus à la liberté. Mais ce n'étaient là que des réparations individuelles; le pouvoir ne s'en est trouvé nullement fortifié, et ce malheureux décret de transportation, cet acte de vengeance sans les formalités protectrices de la justice, pèsera sur la mémoire de l'Assemblée, sans avoir été effacé par l'amnistie.

» lâche leur état sanitaire, et qui enfin leur prodigue avec bienveil-
» lance les consolations qu'exige leur malheureuse situation.

» Je crois que ces mesures sont suffisantes, et j'ose, citoyen et cher
» collègue, réclamer de votre obligeance fraternelle la renonciation
» à un projet qui aboutirait à des résultats que vous n'aviez pas pré-
» vus et que vous déploreriez.

» Salut et fraternité.

» Le représentant du peuple, préfet de police,
» DUCOUX. »

Ce n'était point, à la vérité, le but que poursuivait M. Victor Hugo. Sa pensée n'allait pas aussi loin, et il aurait été très-satisfait de réparer quelques erreurs ou quelques injustices ; c'était de la charité chrétienne et non pas de la politique qu'il voulait faire. En descendant même au fond de ses intentions, on se serait bientôt aperçu que les rigueurs de la transportation lui paraissaient un remède salutaire pour la société et une justice méritée pour le plus grand nombre des insurgés.

Platon chassait les poètes de sa République ; M. Victor Hugo n'est pas de cet avis. Parce qu'il se sait un très-grand poète, il a de grandes prétentions d'homme d'État, et il apporte dans la politique, ce qui est étrange parfois, le légitime orgueil de l'écrivain. Son discours est toujours empreint de l'originalité de ses écrits, et plus d'une fois ses antithèses ont paru bizarres à l'Assemblée.

Défenseur dévoué de la liberté, de celle de la presse surtout, il n'occupait pas cependant au sein de l'Assemblée nationale sa place naturelle. Fourvoyé sur les hauteurs de l'extrême droite, à deux pas des esprits les plus absolus et les plus exclusifs : MM. Montalembert, Thiers, Molé, Parisis, etc., on s'étonnait avec raison de le voir voter souvent avec les adversaires de la République.

Mais ce n'était, à coup sûr, que l'erreur d'un instant. Porté à la représentation nationale par le parti réactionnaire, effrayé par la sédition de Juin qui n'avait pas même respecté la demeure du poète, M. Victor Hugo ne devait pas tarder à se désillusionner de la réaction et de ses chefs, et dès cette époque, il avait coutume de dire que le jour où la paix serait assurée dans la rue, on le retrouverait au premier rang des défenseurs de la liberté et de la démocratie. Son noble cœur et son éminent esprit étaient de sûrs garants de la sincérité de ses paroles.

Peut-être aussi avait-il besoin d'une navrante expérience. Ayant chanté dans d'admirables vers la gloire de l'Empire, devenu l'un des promoteurs les plus considérables de la candidature de M. Louis Bonaparte à la présidence de la République, le parti démocratique pouvait l'attendre au jour inévitable où le lustre de son talent et l'appui de son dévouement seraient récompensés par l'éloignement et le dédain.

Il en est toujours ainsi. Les gouvernants s'empressent de mettre de côté ceux qui furent les instruments désintéressés de leur succès. Voulez-vous un ennemi dédaigneux ou implacable, prenez un homme dans la foule et travaillez à sa fortune. Il ne vous pardonnera jamais, à moins que ce ne soit un homme de génie, ou, ce qui est plus rare encore, un de ces hommes qui placent les obligations du cœur avant les calculs de l'ambition.

IV.

Ne prévoyant pas le coup terrible qui lui serait bientôt porté par la proposition Rateau, l'Assemblée était à ce moment dans toute sa force et dans toute son ardeur. Bureaux et comités travaillaient à l'envi, et leurs archives possèdent une foule de projets inachevés, qui attesteront au moins leur zèle et qui fourniront à coup sûr de précieux renseignements aux Assemblées qui succéderont à la Constituante.

Ce fut à cette époque que le comité de la marine eut l'idée de mettre à l'étude la question de réforme pénitentiaire. Les comités de l'Algérie, de Législation, des Finances et de l'Intérieur, se joignirent à lui, et une commission composée de

MM. Chais, Legraverend, Labordère, Corne, Bardy, l'amiral Cécille, Dahirel, Reibell, de Prébois, Dubodan, de Rancé, Thiers, Léon Faucher, Sauvaire-Barthélemy, Leremboure, Conti et Babaud-Laribière, fut chargée d'examiner cette importante question et de soumettre à l'Assemblée un projet de loi qui fît cesser les nombreux et scandaleux abus de notre système pénitentiaire.

La commission se mit résolument à l'œuvre, et des séances quotidiennes, pendant tout le mois d'août, lui permirent d'approfondir les immenses difficultés dont sa tâche était entourée.

Les documents officiels et de nombreux renseignements particuliers lui furent soumis ; elle appela dans son sein plusieurs hommes spéciaux, notamment M. l'abbé Fissiaux, directeur de la maison pénitentiaire de Marseille ; elle compulsa les travaux de la commission de la chambre des Pairs dont M. Bérenger avait été rapporteur, et, toutes les questions nées de la discussion ayant été résolues, elle chargea M. Léon Faucher de rédiger le rapport où seraient analysées ses délibérations et qui devait être suivi du projet de loi à présenter à l'Assemblée.

Il est à regretter que ce travail n'ait pas été fait. Nous n'avons pas à rechercher ici les motifs qui ont pu empêcher M. Léon Faucher d'accomplir ce devoir ; contentons-nous, pour que le fruit des délibérations de la commission ne soit pas entièrement oublié et perdu, de dire à quelles résolutions elle s'était arrêtée.

Adoptant une partie des idées de la minorité de l'ancienne commission de la chambre des Pairs, elle avait admis comme principe général la transportation en Algérie, où les condamnés seraient employés aux travaux du Gouvernement, qui leur faciliterait les moyens de s'y fixer comme colons à l'expiration de leur peine.

MM. de Rancé, de Prébois et Dubodan avaient surtout insisté afin d'obtenir pour l'Algérie le bénéfice de cette transportation, qui aurait pour effet immédiat de fournir ce qui manque surtout à notre colonie : des bras et des capitaux.

La commission avait été frappée du double avantage de se débarrasser des établissements pénitentiaires, coûteux à construire et à entretenir, où le condamné se trouve placé dans de détestables conditions morales et matérielles, et peut à chaque instant parvenir à rentrer dans la société pour y porter le désordre et la perversité ; tandis qu'en Afrique, la mer et le désert seraient un invincible obstacle à tout projet de fuite, le travail du condamné deviendrait productif pour lui-même, pour l'État, et sa santé aussi bien que son cœur seraient à coup sûr mieux favorisés par le travail en plein air que par l'isolement de nos pénitenciers ou l'entassement immoral de nos bagnes.

L'isolement est une peine barbare et contre nature. Il dégrade et abrutit l'homme sans pouvoir l'amener à résipiscence ; c'est un châtiment atroce contre lequel protestent nos mœurs et le caractère de notre nation.

La majorité de la commission de la chambre des Pairs l'avait cependant adopté comme base de toute pénalité ; mais elle n'avait pas résolu le problème du travail à accomplir dans la cellule, travail sans lequel les condamnés deviennent nécessairement fous. Seraient-ils, à certaines heures, comme en Angleterre, placés séparément dans une immense roue pour la faire mouvoir contre le vent ; ou bien adopterait-on le système de M. de Broglie qui parlait d'astreindre les condamnés cellulaires à faire tourner incessamment une roue d'écureuil destinée à mettre un moulin en mouvement ?...

Toutes ces barbaries, toutes ces impossibilités matérielles, toutes ces dépenses ruineuses pour le trésor public déterminèrent la commission dont nous rapportons le travail à repousser unanimement le système cellulaire. La décision pouvait s'appuyer encore sur beaucoup d'autres motifs. Ne savait-elle pas en effet que le travail en plein air, pour ainsi dire sous l'œil de Dieu, fortifie et moralise le condamné?... Ne lui avait-on pas dit qu'à la maison centrale de Fontevrault le directeur avait loué, à une lieue de l'établissement, un domaine où chaque jour cent jeunes détenus étaient conduits par le maître d'école et un seul surveillant, qu'il n'y avait eu qu'une évasion, et que les détenus bêchaient la terre tout le jour, sans que leur santé et leur bonne humeur en fussent altérées?... Enfin, M. Thiers n'avait-il pas raconté à la commission l'histoire touchante de ce pauvre fou qui, s'étant persuadé qu'en travaillant violemment à une pompe il ferait ressusciter sa mère, se trouvait avoir quelques instants lucides, après son rude labeur? Tant il est vrai qu'un travail assidu, pénible, écrasant même, détourne la pensée du mal, et peut désapprendre le crime, qui n'est le plus souvent qu'une espèce de folie !

La réunion des condamnés dans les maisons centrales est aussi funeste que leur isolement dans des cellules. L'un engendre l'exaltation et toutes les mauvaises passions, tandis que l'autre devient un foyer d'infection morale, une véritable école mutuelle du crime. La diversion physique seule peut détourner le condamné de l'objet habituel de ses pensées.

La commission décida donc avec raison que les bagnes et les maisons centrales de détention seraient successivement supprimés, et que tous les condamnés à plus de trois années d'emprisonnement seraient transportés en Algérie, pour y être employés par catégories, selon leur criminalité, aux travaux plus ou moins violents et plus ou moins dangereux. Ils devaient être organisés militairement ; l'emprisonnement aurait été la peine de leurs méfaits, et la propriété dans la colonie deviendrait la récompense de leur bonne conduite et de leur repentir

Dans la pensée de la commission, l'organisation pénitentiaire devait marcher simultanément avec la colonisation. On avait indiqué, pour y parvenir, l'établissement, à chaque journée de marche, d'un village ayant un hôpital et un magasin. Il serait protégé par une chemise crénelée comme l'étaient les bourgs d'Allemagne au moyen âge, et il servirait à la fois de retranchement pour les colons et de lieu d'étape pour les troupes. Vingt établissements de ce genre, disait-on, devraient être construits entre Alger, Bone et Oran, et seraient reliés entre eux par une ligne partant de Constantine et allant à Mascara. Les routes, les ponts, les places, les établissements publics, seraient construits par les condamnés qui, à l'expiration de leur peine, préféreraient à coup sûr rester comme colons plutôt que de rentrer en France ; car, outre les avantages qu'ils y trouveraient, il est à remarquer que c'est le propre des pays chauds de répugner au début et d'attacher beaucoup par la suite.

Tel était le système de la commission.

Favorable aux condamnés, au trésor public et à l'Algérie, nous devions le mentionner dans cet ouvrage, comme une preuve nouvelle de la sollicitude éclairée et des nombreux et importants travaux de l'Assemblée dont nous racontons l'histoire.

V.

Cependant, au milieu de ces divers travaux des commissions, l'Assemblée poursuivait la discussion du projet de Constitution. Après le vote du préambule, la question du droit au travail donna lieu à un débat très-animé

C'était le terrain sur lequel se rencontraient pour la première fois les partisans du monde ancien et les précurseurs du monde nouveau. Les diverses écoles socialistes comptaient dans l'Assemblée d'illustres représentants : c'étaient principalement MM. Pierre Leroux, Considerant, Proudhon, Félix Pyat, à côté desquels on peut citer une foule d'hommes qui, sans prétendre transformer radicalement et subitement la société, pensaient, comme MM. Carnot, Jean Raynaud, Charton, Jules Simon, Bac, Mathieu (de la Drôme), etc..., que les réformes politiques ne sont qu'un moyen et qu'elles doivent toujours avoir pour conséquences des réformes sociales compatibles avec l'état des mœurs.

D'un autre côté le parti de la résistance aveugle, qui trouvait avant février la société dans les meilleures conditions possibles, et qui aspirait à l'y ramener en détruisant toutes les espérances nées avec la République, commençait à se personnifier dans la personne de M. Thiers.

Modeste et silencieux les premiers jours, M. Thiers s'était glissé peu à peu dans la confiance de beaucoup de représentants. Affectant un dévouement calme et raisonné à la République, il avait établi le siége de ses batteries au comité des finances, et c'était surtout à préserver le Gouvernement nouveau des folies financières et des utopies socialistes qu'il voulait, disait-il, appliquer désormais son aptitude et son expérience. Dans ce but, il parlait avec complaisance du livre sur *la Propriété* qu'il écrivait alors, et il y avait dans son langage de si grandes apparences de candeur, de bonne foi et de résignation, que beaucoup durent s'y laisser prendre. Il était honnête et caressant pour ses adversaires les plus fougueux; dans les couloirs, à la salle des conférences, dans les bureaux, partout il se plaisait dans le rôle où il excelle, celui de conteur aimable; vous eussiez dit un sage indifférent pour lui-même aux affaires des hommes et se plaisant à leur donner des conseils par pur dévouement et pour ainsi dire pour l'amour de Dieu.

Ce n'était pourtant que de la passion cachée sous de l'intrigue, mais de l'intrigue habile et la plus séduisante qui fut jamais.

L'histoire ne saura jamais tout le talent, tout l'esprit, toute la ruse dépensés par cet homme au service de la plus déplorable des causes, celle de son orgueilleuse et égoïste personnalité. M. Thiers a reçu du ciel les dons les plus précieux : son cœur s'ouvre parfois à de beaux sentiments; il est généreux, il aime les arts, il a à un certain degré le culte national ; mais la corde la plus précieuse, celle de l'amour des hommes, ne vibre jamais en lui; c'est en les méprisant qu'il aspire à les dominer. Élevé à cette école où le succès justifie tous les moyens, il veut avant tout, il veut surtout arriver, et l'esprit se confond en présence de son audace ou de son abaissement pour réussir. Il a toutes les séductions de son déplorable talent, et c'est parce qu'il était admirablement organisé pour bien faire, que l'histoire doit être plus sévère pour tout le mal qu'il a fait.

C'est le mauvais génie de la République de 1848. Nos dissensions, nos colères, notre honte même, nous lui devons tout, on le verra bientôt.

Au moment où nous sommes, il accomplissait la partie la plus difficile de sa tâche, c'était de se faire accepter. S'il se fût présenté avec la hardiesse que pouvait lui donner son incontestable talent, s'il eût demandé l'attention qu'on doit aux grands orateurs, il aurait certainement échoué : tant il y avait de répugnance dans l'honnêteté de l'Assemblée pour son caractère insaisissable, et pour ses doctrines anti-républicaines. Il procéda donc autrement, et c'est à force d'adresse qu'il parvint à se faire bienvenir, en attendant une occasion favorable pour se démasquer et arborer son drapeau.

L'occasion lui parut propice.

Depuis quelque temps, la bourgeoisie était effrayée par l'audace de certaines attaques plus insensées que sérieuses, et une institution sacrée, qui s'appuie sur la morale éternelle et sur le cœur même de l'homme, la propriété, ayant été mise en question, il n'en fallut pas davantage pour jeter au fond des consciences une vague inquiétude que les ennemis de la Révolution devaient exploiter bientôt avec une infernale habileté.

L'opinion aurait été bien vite rassurée, si on lui eût dit que les créations de Dieu dans l'ordre moral sont aussi impérissables que dans l'ordre matériel, et que les efforts des sectaires seraient impuissants à les détruire. La propriété est indispensable à l'harmonie sociale, et ceux qui prétendent la détruire sont aussi fous que s'ils voulaient éteindre le soleil.

Mais, au lieu de rassurer la France, on lui faisait peur de tous ces fantômes, et l'anxiété était précisément à son comble lorsque M. Thiers entreprit de l'exploiter à son profit.

Il ne s'agit plus de la forme politique, répétait-il à tout propos ; qu'importe qui gouvernera ? Il faut savoir, avant tout, si nous serons gouvernés; et lorsque les conditions essentielles à la vie de la nation sont inconnues, les disputes sur la forme doivent être oubliées, puisque le fonds est mis en question.

La conséquence de ce terrorisme de nouvelle espèce était qu'il fallait nécessairement un sauveur. Le sauveur, c'était lui.

Il annonçait son livre comme devant raffermir, retenir la propriété prête à s'échapper du monde, et il devait nécessairement avoir pour adeptes tous ceux qui s'étaient effrayés sans réflexion.

Bien fous, pourtant, ceux qui pouvaient croire que les bases essentielles de toute société : la religion, la famille et la propriété, allaient s'écrouler et disparaître comme ces institutions fragiles que la pauvre sagesse humaine édifie, et qu'emporte sans résistance le vent des révolutions. Et encore bien plus fous ceux qui pensaient que, si la société pouvait ainsi s'écrouler, il suffirait pour la raffermir des sophismes d'un rhéteur. Voyez-vous la civilisation en péril, la propriété, la religion, la famille rayées du souvenir des peuples?... Ah! grand Dieu! si cela était possible, si le flot des barbares envahissait l'Europe, s'arrêterait-il devant quelques pages imprimées?... Les vérités sociales sont plus fortes et plus respectables; elles subsistent par la puissance de Dieu, tandis qu'elles ne seraient qu'infimes et méprisables, si leur salut pouvait dépendre du talent, du génie même d'un homme.

VI.

La question du droit au travail avait été discutée et travestie déjà dans les bureaux, grâce aux efforts de M. Thiers. C'était le droit réclamé par la population ouvrière; il était inscrit sur les drapeaux républicains des Lyonnais en 1834; il avait été proclamé par Louis Blanc dans les conférences du Luxembourg; c'était assez pour que la réaction s'étudiât à le rayer du projet de Constitution.

Qu'était-ce donc, en définitive, que ce droit qu'on disait si dangereux, que la commission de Constitution — elle ne se composait pas de révolutionnaires — avait inscrit dans son premier projet, et qui devait disparaître bientôt sous une réprobation éclatante de tous les royalistes?

Le droit au travail, est-ce donc autre chose

que le droit de vivre en travaillant, et le nier, n'est-ce pas nier le droit lui-même de vivre?... La doctrine effrayante et cruelle de Malthus, qui chasse de la vie celui qui n'a pas de moyens d'existence, deviendrait-elle donc une loi de l'État?...

Non. La majorité ne contestait pas le droit de vivre, et par conséquent elle admettait le droit au travail; car, sans lui, le droit de vivre ne serait plus que le droit à l'aumône, source infaillible de l'abrutissement de l'espèce et des plus déplorables passions. Seulement on fit illusion à son esprit. On confondit habilement le droit au travail avec la récente organisation des ateliers nationaux, qui venaient de mettre la société en péril; ou bien on insista sur l'impossibilité où serait l'État de fournir du travail aux ouvriers des professions diverses, car il n'aurait pas des peintures, de l'orfévrerie, des meubles, des tapis, etc., à faire confectionner, à moins d'accaparer les arts et les industries diverses.

Tout cela n'était que sophismes ou mensonges.

Personne ne demandait à l'État de s'engager au-delà de ses forces, personne n'exigeait l'impossible.

M. Lamartine aurait voulu : — « Le droit à
» l'existence par le travail, ouvert, en cas de né-
» cessité, par l'État, et à des conditions d'urgence

» et de salaire déterminées par l'administration;
» de sorte que nul individu ne puisse offrir ses
» bras sans trouver la vie, ni souffrir sans être
» soulagé sur la surface de la République... »

M. Carnot formulait ainsi sa pensée : — « Le
» devoir de la société est d'assurer à tous les ci-
» toyens la subsistance par le travail ou par l'as-
» sistance publique. »

On aurait pu emprunter aux œuvres de M. Bonaparte cette définition :

Les secours publics sont une dette sacrée. La société doit la subsistance aux citoyens malheureux, soit en leur procurant du travail, soit en assurant les moyens d'exister à ceux qui sont hors d'état de travailler.

Ces rédactions ne furent point soumises à l'Assemblée. La discussion s'ouvrit sur l'amendement présenté par M. Mathieu (de la Drôme); il était ainsi conçu : — « La République doit pro-
» téger le citoyen dans sa personne, sa famille, sa
» religion et sa propriété. Elle reconnaît le droit
» de tous les citoyens à l'instruction, AU TRAVAIL
» et à l'assistance. »

Considéré comme trop radical, cet amendement fut remplacé par celui de M. Glais-Bizoin, sur lequel s'ouvrit le scrutin. Voici le texte de cet amendement, qui fut repoussé, malgré sa modé-

ration, par 596 voix contre 187 : — « La Répu-
» blique doit protéger le citoyen dans sa personne,
» sa famille, sa religion, sa propriété, son travail.

» Elle reconnaît le droit de tous les citoyens à
» l'instruction, LE DROIT A L'ASSISTANCE PAR LE
« TRAVAIL, et à l'assistance dans les formes et aux
» conditions réglées par les lois. »

Ce n'était pourtant que l'assistance par le travail. Mais c'était encore trop, hélas! pour cette majorité térrifiée par les journées de Juin !

VII.

Quatre séances furent consacrées à cette importante discussion. Vingt-et-un orateurs se succédèrent à la tribune. Leurs noms seuls disent combien l'Assemblée était émue par ce solennel débat ; les voici : MM. Mathieu (de la Drôme), Gauthier de Rumilly, Pelletier, de Tocqueville, Ledru-Rollin, Duvergier de Hauranne, Crémieux, Barthe, Gaslonde, de Luppé, Arnaud (de l'Arriége), Thiers, Bouhier de l'Escluse, Martin Bernard, Billault, Dufaure, Lamartine, Glais-Bizoin, Goudchaux, Lagrange et Jules Favre.

Le discours de M. Billault mérite d'être remarqué.

Esprit indépendant, mais sage ; républicain du lendemain, mais sincèrement dévoué aux institutions nouvelles, M. Billault apportait dans la discussion le poids de son honnêteté et de ses antécédents parlementaires.

Il parla en faveur du droit au travail. Son discours, sobre, élégant et correct, restera comme une des plus belles pages de cette grande discussion. Nous n'y trouvons ni déclamation ni passion ; c'est de la logique inflexible unie à un sentiment profond du droit. On sent sous cette phrase limpide une conviction profonde née sans effort ; c'est la conviction de la vérité.

Ecoutons-le parler :

« Si vous refusiez d'écrire ce principe (le droit
» au travail) dans la Constitution, vous nieriez non
» pas seulement ce qu'ont fait nos immortelles
» assemblées révolutionnaires, je n'en parle pas,
» mais vous renieriez ce qui a été fait pendant des
» siècles par la monarchie absolue. Il n'y a pas
» une seule période de ce passé monarchique où il
» n'ait été rendu des édits consacrant cette dette

» de la société envers le travailleur souffrant et
» dépourvu. Remontez aussi loin que vous voudrez, vous retrouverez jusqu'à Charles IX lui-
» même proclamant solennellement ce devoir de la
» civilisation.

» Pour rencontrer une société qui, systémati-
» quement, laisse périr ses membres dépourvus
» de travail, il faut remonter presque jusqu'à
» l'état sauvage, jusqu'à ces associations primi-
» tives informes et impuissantes, où l'individu
» n'a rien à attendre de la force collective, où il
» faut qu'il pourvoie par lui-même à toutes les
» misères de sa nature. . . . .
. . . .
. . . . » La nature, elle, est impuissante ; sa
» loi inévitable a dit : *Travaille;* et si le travail
» manque ou ne suffit pas, elle laisse l'individu
» impuissant languir ou mourir. La société au
» contraire s'est formée pour développer, pour
» améliorer, pour compléter l'existence de l'in-
» dividu dans l'état de nature, pour organi-
» ser autour de lui la prévoyance, pour lui
» créer dans le monde une sorte de providence
» terrestre qui l'aide dans sa misère, qui l'en
» affranchisse autant qu'elle le pourra ; plus elle
» le peut, plus elle est civilisée. La nature est in-

» différente, la société ne doit pas l'être. La
» nature, c'est de laisser mourir s'il n'y a pas de
» travail. . . . .
. . . .
. . . . . » Ce qu'il nous faut, ce que je ré-
» clame, c'est que ce principe d'humanité et de
» civilisation soit formulé de façon à ce que,
» quand vous en aurez loyalement réalisé l'appli-
» cation dans la mesure du possible et de l'état
» actuel de la société, il ne puisse être élevé
» aucune plainte légitime, et que ceux qui vien-
» draient en abuser ne soient évidemment que de
» mauvais citoyens : de ceux-là le bon sens du
» peuple et la puissance de la République feront
» promptement justice. . . . . . »

Tant d'éloquence, de logique et de raison furent inutiles. L'Assemblée resta inflexible. Le droit au travail ne fut pas consacré par la Constitution.

VIII.

Une des plus grandes difficultés avec lesquelles l'Assemblée nationale se trouvait aux prises, c'était la question financière. Héritière des désordres et des dilapidations de la monarchie, désireuse de soulager le peuple de ces taxes odieuses qui, sous le nom d'impôts de consommation, lui font supporter les plus lourdes charges du budget et nuisent autant à son développement intellectuel qu'à sa prospérité physique ; obligée de maintenir une armée onéreuse, car la guerre pouvait d'un instant à l'autre embraser l'Europe ; en face des réclamations des contribuables que le maladroit et injuste impôt des 45 centimes venait d'exaspérer, l'Assemblée avait besoin, dans cette difficile occurrence, d'une résolution bien autrement forte pour vaincre les factions, et d'une prudence bien difficile dans ces jours d'excitation et d'entraînement.

Elle posséda l'une et l'autre à certains degrés. Il ne lui a manqué, pour accomplir cette partie de sa tâche, qu'une foi plus robuste et plus absolue dans la fortune de la France.

L'Angleterre, pour fomenter une coalition impie contre la Révolution française, avait réalisé et dépensé plusieurs milliards. Les États-Unis, au début, s'étaient trouvés en face d'embarras aussi graves, car : — « Après l'établissement constitu-
» tionnel, les finances étaient pour la République

» une question immense, la principale peut-être.
» Le désordre était extrême : dettes de l'Union
» envers les étrangers, envers les nationaux;
» dettes des États particuliers, contractées sous
» leur nom, mais à raison de leur concours dans
» la cause commune; bons de réquisition; mar-
» chés de fournitures; intérêts arriérés; d'autres
» titres encore de diverse nature, de diverse ori-
» gine, mal connus, point liquidés; et au terme de
» ce chaos, point de revenus assurés et suffisants
» pour faire face aux charges qu'il imposait (1).

Les États-Unis avaient surmonté cette situation. Comment la France républicaine aurait-elle hésité? comment aurait-elle accepté surtout ces honteuses propositions de banqueroute semées perfidement par ses plus implacables ennemis, et qui, dans les premiers jours, avaient été apportées, au moins indirectement, à quelques membres du Gouvernement provisoire, par MM. Achille Fould et Delamarre?

L'Assemblée nationale y resta sourde, elle s'empressa de proclamer le respect à tous les engagements antérieurs et l'acquittement intégral de toutes les dettes de l'État.

(1) *Washington*, par M. Guizot.

C'était la seule manière morale, équitable et sincère, de fonder la République. A ceux qui pouvaient craindre de voir relever l'échafaud politique, on avait répondu par l'abolition de la peine de mort; il était juste maintenant de repousser les accusations de banqueroute par la résolution inébranlable de remplir tous les engagements. Grandes décisions, qui suffiraient au besoin pour honorer cette époque !

IX.

Un système financier avait été présenté par M. Duclerc, ministre de la commission exécutive. C'était la véritable pensée de M. Garnier-Pagès.

On peut le réduire à trois points principaux :

1º — Rachat et exploitation des chemins de fer par l'État;

2º — Monopole des assurances ;

3º — Coupes sur une vaste échelle et aménagement nouveau des forêts de l'État.

Ce système, qui ne pouvait pas produire tout le bien qu'en attendaient ses auteurs, qui aurait été impuissant à détruire toutes les difficultés de la situation, pouvait être un secours puissant, et l'Assemblée l'aurait probablement adopté, sans les fatales journées de Juin, dont le contre-coup emporta le pouvoir d'où il était sorti.

De leur côté, beaucoup de représentants cherchaient un remède aux difficultés de la situation.

MM. Pougeard, Alexandre Martin, Lavallée, Chavoix, Jules Lacroix, Reboul-Coste, Charamaule, Vidal, Pierre Leroux, Considerant, Dupont (de Bussac), Mathieu (de la Drôme), etc..., usèrent tour à tour du droit d'initiative parlementaire, pour proposer des mesures propres soit à rétablir le crédit, soit à créer de nouvelles ressources au trésor public.

Tous ces travaux, qui prouvent l'honorable préoccupation de l'Assemblée, ne sont pas perdus pour l'avenir ; ils ont remué et répandu des idées, et le jour arrive tôt ou tard où les idées portent leurs fruits.

X.

M. Goudchaux succéda à M. Duclerc, comme ministre des finances. C'était la seconde fois, depuis la Révolution de Février, qu'il se trouvait chargé du portefeuille ; il l'accepta, malgré la difficulté des temps, avec cette résolution calme et éclairée qui est le fond de son caractère. Il ne se dissimulait aucune des difficultés de la situation, et, chose rare chez un ministre, il avait le courage de les exposer sans crainte et sans forfanterie. Ayant une foi robuste dans les destinées de la République, persuadé qu'une administration honnnête, persévérante, audacieuse autant que le comportait l'esprit du temps, pourrait surmonter les difficultés, il se mit résolument à l'œuvre.

M. Goudchaux possédait les qualités éminentes qui font les grands ministres, et que Necker a si bien énumérées dans les pages remarquables qui précèdent son livre sur l'*Administration des finances*.

Vertus privées, honnêteté incontestée, habitudes d'ordre et de travail, connaissances acquises, patriotisme sincère, volonté tenace et inflexible, relations faciles, mœurs simples, dévouement à ses devoirs, tout se trouvait réuni chez cet honnête homme, qui a beaucoup fait, qui a surtout voulu beaucoup faire pour le bien de la République.

Les conceptions financières de M. Goudchaux se distinguent plutôt par une rigoureuse concision que par une séduisante ampleur. C'est que cet esprit juste avait avant tout besoin de résultats pratiques et qu'il ne recherchait pas cette renommée qu'on acquiert par des projets gigantesques dont le succès est presque toujours incertain.

Il aurait pu proposer un système complet. Ainsi, il avait étudié l'*income-tax*, et son dessein était de l'appliquer à la France. Mais il ne croyait pas le temps encore venu; il voulait réserver cette précieuse ressource pour l'avenir, et il préférait préparer la nation pour cette grande réforme, plutôt que de la surprendre inopinément par un changement brusque dans ses habitudes financières.

Cette réserve honore M. Goudchaux. Un homme d'État médiocre se serait hâté, dans un moment surtout où les ministres passent si vite, d'attacher son nom à cette importante mesure.

Il présenta quelques réformes secondaires parmi lesquelles se distingue le projet d'un impôt sur les revenus mobiliers. Mais « la commission
» chargée par l'Assemblée nationale d'examiner
» le projet de M. Goudchaux, y substitua une
» combinaison impitoyable dont l'unique effet eût
» été d'aggraver la position des classes nécessi-
» teuses. Affranchir non-seulement la rente fon-
» cière, mais l'industrie agricole ; infliger à toutes
» les autres professions une surtaxe uniforme de
» trois pour cent en abaissant le minimum du re-
» venu au-dessous des limites du plus strict né-
» cessaire, c'était là une aberration de cet esprit
» aristocratique et réactionnaire dont l'ancien
» comité des finances a été l'un des foyers prin-
» cipaux (1). »

Les hommes du comité des finances étaient, en effet, les adversaires implacables de M. Goudchaux. Le puritanisme du ministre devait déplaire aux financiers de la monarchie ; ils redoutaient son honnêteté et la lumière qu'il voulait apporter dans les finances ; ils dénaturèrent ses idées, ils en ajournèrent la discussion, et, après l'élection du 10 décembre, leur premier soin fut de faire reti-

(1) *National* du 18 juin 1849.

rer par le nouveau ministre des finances ces projets qui devaient marquer la première étape dans la voie des réformes.

Il faut rendre à chacun le blâme qu'il mérite. La partie républicaine de l'Assemblée n'en est pas exempte en cette circonstance.

Si l'on eût accordé un peu moins de temps aux discussions sur les personnes, et un peu plus à l'étude des lois, si l'ambition et l'intrigue n'avaient pas absorbé un grand nombre de représentants, les projets de M. Goudchaux auraient été discutés à temps et la République compterait une conquête de plus.

Mais on n'avait guère souci de ces travaux arides, et bien souvent des discussions plus passionnées que nécessaires obtinrent le privilége de les primer dans l'ordre du jour.

Il faut dire aussi que la partie la plus avancée de l'Assemblée avait peu de goût pour ces projets. Il aurait fallu une réforme complète pour ces esprits impatients, et la montagne se montra indifférente, parfois même hostile aux conceptions de M. Goudchaux. Qu'importait un palliatif à ceux qui prétendaient transformer la société d'un seul coup et comme par enchantement ?

Beaucoup négligèrent de se rendre dans les bureaux, ce qui explique l'hostilité de la commission pour les idées du ministre.

XI.

MM. Thiers, Duvergier de Hauranne et leurs amis avaient fait d'incroyables efforts pour obtenir la division de la représentation nationale en deux chambres. Dans le troisième bureau, M. Thiers prononça, en réponse à mon opinion, un discours qui fut publié dans les journaux, et qui résumait tous les arguments en faveur de la division du pouvoir législatif. A l'Assemblée, il ne fut pas donné une raison nouvelle.

Voici quelques pages du rapport de M. Marrast qui répondent à tous les sophismes, à toutes les subtilités réunis à cette occasion. Le lecteur y trouvera une critique suffisante, en même temps qu'il pourra se faire une idée de la manière élégante et correcte du rapporteur de la commission de Constitution.

« S'il y a au monde un fait reconnu, avéré,
» c'est l'homogénéité du peuple français ; s'il y a

» une tendance constatée dans l'histoire, un
» résultat obtenu, c'est l'unité de la nation. Cette
» unité est partout, dans une administration con-
» centrée, dans la prépondérance de la capitale,
» dans les lois, dans la justice; elle a pénétré
» même dans ce qu'il y a de plus personnel, de
» plus intime, dans les travaux de la science et
» des arts. Cette unité est notre force; la monar-
» chie, dans le passé, ne s'est rendue utile qu'en
» la servant.

» La souveraineté est une, la nation est une,
» la volonté nationale est une. Comment donc
» voudrait-on que la délégation de la souverai-
» neté ne fût pas unique, que la représentation
» nationale fût coupée en deux, que la loi éma-
» nant de la volonté générale fût obligée d'avoir
» une double expression pour une seule pen-
» sée ?

» Considérée soit dans la souveraineté qui en
» est la source, soit dans le pouvoir qui l'exé-
» cute, soit dans la justice qui l'applique, la loi
» n'est pas divisible; comment le serait-elle dans
» le pouvoir qui la conçoit et qui la crée ?

» Evidemment il faudrait des raisons supé-
» rieures, d'impérieuses nécessités politiques,
» pour que la Constitution républicaine, parta-

» geant le pouvoir législatif en deux chambres,
» fît cette violence à la logique et portât une si
» profonde atteinte au sentiment public : ces rai-
» sons, nous ne les apercevons pas.

» Les partisans des deux chambres reconnais-
» sent, comme nous, l'unité de la France, et ils
» prétendent respecter la souveraineté du peuple.
» Il n'y a qu'un malheur, c'est qu'ils s'exposent
» continuellement à méconnaître ou à violer sa
» volonté. Imaginez deux chambres organisées
» comme il vous plaira : dès que vous les placez
» côte à côte, égales en puissance, vous n'arrivez
» qu'à l'un de ces deux résultats :

» Ou les chambres seront d'accord, et alors une
» double discussion, un double vote, ne servent
» à rien et peuvent nuire en retardant la loi ;

» Ou bien elles seront en désaccord, ce qui ar-
» rivera le plus souvent, et alors c'est la lutte
» que vous établissez au sommet de l'État : or,
» la lutte en haut, c'est l'anarchie en bas.
» Les deux chambres sont donc un principe de
» désordre.

» De cette lutte, l'une des deux chambres sor-
» tira nécessairement affaiblie, et l'autorité de
» la loi perdra en respect ce que les législateurs
» auront perdu en crédit. Ajoutez à cela que la

» discussion dans une seconde chambre doit jeter
» le trouble dans la première ; la minorité se
» passionne davantage quand elle espère faire
» triompher sa cause en appel. De là des intri-
» gues sans nombre, de là moins de soumission
» pour la décision d'une Assemblée ; les partis
» extérieurs ajoutent leurs passions à celles des
» représentants ; ce qui n'était d'abord qu'une
» opposition convaincue peut devenir un anta-
» gonisme systématique ; et alors il n'y a plus
» deux chambres, mais deux camps, ou plutôt il
» n'y a plus de pouvoir législatif : l'une des deux
» forces pouvant paralyser l'autre, la machine
» s'arrête jusqu'à ce qu'une secousse violente la
» brise, ou qu'un ambitieux l'aplatisse de ma-
« nière à la faire tenir dans le fourreau de son
» épée.

» Le péril de cette dualité ne se fait pas moins
» sentir, en effet, dans les rapports du pouvoir
» législatif avec l'exécutif. Avec une seule Assem-
» blée politique, une seule inspiration, une seule
» règle, l'Assemblée, organe de l'opinion, la fait
» prévaloir en donnant ou refusant la majorité
» aux ministres ; ils sortent de son sein, ils se
» conforment à ses idées. Mais si un ministère
» qui plaît à une chambre déplaît à l'autre, qui

» l'emportera ? et si, par hasard, ce ministère
» représente fidèlement les opinions, le système
» du président de la République, système qui
» pourra n'être point en parfaite harmonie avec
» celui de la représentation nationale, qu'arrivera-
» t-il ? Avec l'Assemblée unique, la chose est
» simple : tout doit fléchir devant sa loi. Avec
» une seconde chambre, il y a un secours à la
» résistance : le pouvoir exécutif battu ici se
» réfugie là ; à une majorité contre lui, il oppose
» une majorité pour lui ; il se sert de l'une contre
» l'autre, il les use bientôt par ces chocs fré-
» quents. Le pouvoir législatif, amoindri, déprimé,
» offre une prise à toutes les usurpations. Quand
» on a pour soi les Anciens, on fait sauter les
» Cinq-Cents par les fenêtres.

» Ces coups de main sont rares, nous le savons
» bien, pas si rares toutefois que les hommes de
» génie ; mais cette extrémité même est-elle né-
» cessaire pour condamner le système des deux
» chambres ? Si elles ne deviennent pas le levier
» d'un ambitieux, si elles ne servent pas les des-
» seins d'un conquérant, n'y a-t-il pas toujours
» d'assez nombreuses causes d'agitation dans un
» État ? Une popularité pour laquelle vous créez
» deux rivales, une multitude à laquelle vous

» pouvez donner la moitié d'un pouvoir législatif
» qui la flatte, tandis que l'autre moitié lui
» résiste.

» Et tous ces dangers si graves, vous les brave-
» riez? Pour obéir à un principe? Non ; pour at-
» taquer tous les principes. Pour donner à la loi
» plus de puissance? Non ; on affaiblit la puis-
» sance en la divisant. Pour assurer à la repré-
» sentation nationale une expression plus sincère,
» pour calmer les partis, amortir les passions,
» maintenir l'unité, assouplir, simplifier les
» ressorts de l'appareil législatif? Rien de sem-
» blable.

» Pourquoi donc? On ne nous donne que deux
» motifs : l'un est grave, l'autre ne l'est pas.
» Ce dernier, c'est l'exemple de l'Angleterre et
» des États-Unis.

» Nous pourrions montrer facilement que deux
» chambres en Angleterre représentent deux in-
» térêts divers, quelquefois contraires, qui se
» trouvent dans le parlement, parce qu'ils sont
» dans le pays. Nous pourrions montrer qu'aux
» États-Unis la souveraineté se divise et se sub-
» divise, qu'elle est partielle, locale, formée de
» groupes indépendants, et qu'elle se reproduit
» dans le pouvoir comme elle est à l'origine.

» Nous ferons seulement une réponse qui dis-
» pense de toute autre. Nous sommes en France,
» nous constituons la République française, nous
» agissons sur un pays qui a ses mœurs, son ca-
» ractère personnel ; nous n'avons à le costumer
« ni à l'américaine ni à l'anglaise. Pleins de res-
» pect pour les autres nationalités, pleins d'admi-
» ration pour ce qu'elles ont fait de grand et de
» durable, nous nous abdiquerions en les copiant.
» La raison émigrée de Londres ou de Washing-
» ton est mauvaise par cela même qu'elle vient
» de là. Transplanter une organisation politique
» sur un sol étranger, c'est vouloir qu'elle n'y
» pousse pas de racines. L'argument hétérogène
» prouverait donc plutôt contre que pour : soyons
» modérés, il ne prouve rien.

» Il en est un autre qui a, selon nous, une base
» plus solide et dont la commission s'était forte-
» ment préoccupée : c'est l'entraînement d'une
» Assemblée unique, qui, sous la pression d'un
» événement extérieur, ou d'une émotion née
» dans son propre sein, peut prendre une réso-
» lution irréfléchie, faire une loi imprudente, et
» dont elle serait la première à se repentir. Notre
» humeur est vive et prompte, le talent d'un ora-
» teur peut nous exalter ; au seul éclair d'une

» passion généreuse, notre pensée devient une
» flamme. Serait-il sage de compromettre la
» majesté de la loi par l'emportement ou la
» précipitation? Ne faut-il pas que la loi soit tou-
» jours entourée de formes solennelles, méditée,
» mûrie, soumise à plusieurs degrés de discus-
» sion?

» Oui, sans doute, tout cela est sensé, et la
» commission croit y avoir répondu par les pré-
» cautions qu'elle a prises. Elle assure plus de
» deux degrés à la discussion en exigeant que
» l'Assemblée délibère trois fois, à dix jours d'in-
» tervalle, sur les projets qui lui sont soumis.
» Dans le cas d'urgence, rien ne peut être résolu
» à l'heure même, et l'urgence, débattue dans les
» comités ou dans les bureaux, doit être jugée
» avant que l'Assemblée prononce au fond. A
» côté de l'Assemblée unique, la Constitution
» place un conseil d'État choisi par elle, émana-
» tion de sa volonté, délibérant à part, en dehors
» des mouvements qui peuvent agiter les grandes
» réunions; c'est là que la loi se prépare, c'est là
» qu'on renvoie, pour la mûrir, toute proposition
» d'initiative parlementaire qui paraît trop hâtive
» au pouvoir législatif. Ce corps composé d'hom-
» mes éminents, et placé entre l'Assemblée qui

» fait la loi, et le pouvoir qui l'exécute ; tenant
» au premier par sa racine, au second par son
» contrôle sur l'administration, aura naturelle-
» ment une autorité qui tempérera ce que l'As-
» semblée unique pourrait avoir de trop hardi,
» ce que le gouvernement pourrait avoir d'ar-
» bitraire.

» Pour conjurer enfin tous les périls de la pré-
» cipitation, nous aurons accordé au pouvoir
» exécutif le droit d'appeler l'Assemblée à une
» délibération nouvelle. »

MM. Duvergier de Hauranne et Odilon Barrot soutinrent le système des deux chambres, le premier avec une rare finesse d'esprit, le second avec une éloquence émue dont il ne devait guère retrouver plus tard le secret.

Mais que pouvaient l'esprit, l'éloquence même contre la vérité ?... La verve sarcastique de M. Dupin aîné n'eut pas grand'peine à balayer tous ces sophismes, et c'est en s'appuyant sur le droit que l'éminent juriste démontra tous les dangers, toutes les impossibilités de la division du pouvoir législatif dans une République comme la France.

L'Assemblée était convaincue d'avance. Elle adopta à une immense majorité le principe de l'unité du pouvoir législatif et de sa délégation à une Assemblée unique.

XII.

Le temps de l'Assemblée n'était pas entièrement consacré à la discussion du projet de Constitution. Deux jours par semaine étaient réservés pour les travaux ordinaires. Ils furent employés à l'examen d'une foule de décrets très-importants, parmi lesquels il faut remarquer :

Le décret sur la taxe des lettres, qui, en établissant un tarif uniforme de 20 centimes, mettait la faculté de correspondre à la portée du plus grand nombre et réalisait l'égalité dans cette branche importante du service administratif. Cette réforme, vivement soutenue par M. Etienne Arago, directeur général des postes, rappelle le nom de son plus constant promoteur, M. de Saint-Priest, qui, sous la République comme sous la monarchie, s'était obstinément dévoué à sa réalisation;

Le décret sur les concordats amiables, qui avait été présenté par MM. Dupont (de Bussac) et Jules

Favre, et qui sortit de la discussion amoindri, mutilé et presque insignifiant ;

Le décret sur l'établissement de colonies agricoles en Algérie, projet poursuivi avec amour par M. Trélat, et qui avait été conçu, pendant son ministère, comme un moyen de dissoudre les ateliers nationaux. — La population de Paris répondit avec empressement à l'appel de l'Assemblée. Les fonds votés pour l'établissement colonial furent rapidement absorbés. La commission fut dans l'impossibilité de satisfaire aux nombreuses demandes de départ, et c'est avec un véritable enthousiasme que chaque embarquement s'accomplissait au quai Saint-Bernard. Réunis sur d'immenses bateaux, ces pauvres déshérités de la famille humaine partaient avec enthousiasme pour la patrie nouvelle ; leurs cris d'amour, leurs acclamations pour la République qui leur offrait la perspective du bonheur, étaient une preuve de plus de la confiance et de la reconnaissance du peuple, lorsqu'on s'occupe de son sort ;

Le temps dira si l'établissement des colonies algériennes était une idée praticable ; il a déjà dit que c'était une généreuse idée !...

Le décret qui ouvrait un crédit pour des avances à faire *à l'industrie des meubles et des bron-*

zes, et celui pour *l'achèvement des chemins vicinaux* indiquaient combien l'Assemblée était soucieuse de calmer toutes les souffrances et de protéger à la fois l'Industrie et l'Agriculture. — Dans la commission pour l'examen du premier de ces décrets, M. Corbon, représentant de la Seine, fournit de très-utiles et très-curieux renseignements sur l'état de l'industrie parisienne. M. Corbon était sculpteur sur bois. Ouvrier honnête, il avait été arraché de son atelier par le suffrage de ses concitoyens, et l'Assemblée, en le nommant membre de la commission de constitution et vice-président, avait voulu récompenser en lui une intelligence, un bon sens, un zèle et une honnêteté qui ne se sont jamais démentis.

Des allocations de fonds pour secours aux établissements de bienfaisance complétèrent cette série de mesures trop timides, trop restreintes, disaient quelques-uns, mais qui n'en resteront pas moins comme un témoignage irrécusable des efforts et de la sollicitude de l'Assemblée.

Cependant, soulager des maux trop réels, ce n'était pas assez. Il fallait en prévenir le retour et chercher, dans de grandes et durables institutions, la solution de ce problème du travail qui, nouveau sphinx, menaçait de dévorer la société.

C'était la préoccupation de M. Tourret, ministre de l'agriculture.

Le bon sens pratique uni à de vastes connaissances, une noble simplicité de mœurs, une haute probité, un dévouement enthousiaste pour l'agriculture, une foi profonde aux destinées de la République qu'il avait acceptée sincèrement et non pas subie, telles étaient les qualités de M. Tourret. Ses adversaires — car il était du petit nombre de ceux qui n'ont pas d'ennemis — étaient forcés de rendre hommage à sa loyauté, et les médiocrités les plus ambitieuses n'auraient pas osé désirer tout haut le portefeuille qui était si bien placé dans ses mains.

Il accomplissait sa tâche avec cette sérénité de l'homme de bien, qui, la conscience calme au milieu des orages, ne ressent au pouvoir que la douleur de ne pas faire assez de bien.

M. Tourret présenta un projet de décret sur l'enseignement agricole. C'était le résultat des méditations de toute sa vie.

Ce décret, laborieusement examiné par le comité de l'agriculture et par une commission qui comptait beaucoup d'hommes spéciaux, tels que MM. Durand-Savoyat et Richard (du Cantal), fut adopté dans son ensemble dans la séance du

3 octobre. Il organisait l'enseignement agricole à tous les degrés, et devait, dans un avenir prochain, couvrir le territoire de la République de fermes-écoles et de fermes régionales destinées à vulgariser les procédés scientifiques et les méthodes pratiques, et, pour relier entre eux ces nombreux établissements, un Institut agricole était établi à Versailles.

M. Tourret ne se démentit pas un instant pendant le cours de la discussion. Son éloquence claire et savante reposait l'Assemblée de ses fiévreuses agitations, et les plus étrangers à la science admiraient cette haute raison, modestement unie au bon sens pratique, qui savait se rendre si facilement compréhensible.

LIVRE IV.

―

I.

La discussion était arrivée au point le plus périlleux et le plus important de la Constitution : le chapitre du pouvoir exécutif.

La commission proposait d'établir un président responsable, élu par le suffrage universel. Dans l'esprit de plusieurs, c'était une quasi-restauration monarchique, un principe à demi sauvé du naufrage. Pour beaucoup d'autres, ce n'était qu'une concession temporaire accordée aux habitudes, à la tradition de la nation. Ils pensaient que le peuple, accoutumé à trouver un maître au sommet de l'État, ne comprendrait pas la logique, la force et l'unité du principe démocratique, et qu'il fallait au moins lui donner l'ombre d'un roi. Bien peu étaient résolus d'avance à rester inflexibles dans la rigueur des principes, et à ne pas créer, volontairement ou par faiblesse, des embarras inextricables à notre jeune République.

M. Félix Pyat prit le premier la parole.

C'était un esprit résolu et ardent. Élevé dans l'horreur des priviléges, littérateur distingué avant de devenir homme politique, il apportait dans tous ses discours un art et une fougue admirablement combinés. Ce n'était point le talent primesautier d'un improvisateur ; c'était le style fouillé, ciselé avec soin d'un grand artiste. Il avait bien des allures vives, accentuées, révélant l'inspiration ; cependant tout était prévu, et il n'est pas jusqu'à l'excentricité de certains mots, jusqu'au tour original de certaines phrases qui n'eussent été combinés d'avance.

Habitué aux succès de la littérature dramatique, qui coûtent tant de peines à recueillir, il apportait dans la composition de ses discours la même patience et les mêmes corrections, ce qui fait qu'ils supportent encore la lecture.

Jugez-en plutôt :

« Un pouvoir exécutif séparé du pouvoir légis-
» latif, ce n'est pas une séparation, c'est une di-
» vision de pouvoirs, c'est la monarchie. La
» division des pouvoirs, elle se comprend dans
» le passé, sous le régime bâtard, hybride des
» chartes, alors qu'il y avait en présence le fait
» et le droit, alors qu'il y avait pour ainsi dire
» deux droits différents, hostiles même entre eux,
» le droit du roi et le droit du peuple ; alors qu'à
» côté d'une Chambre de députés élus au nom
» du droit humain, vous aviez une royauté de
» droit divin ou constitutionnel, et que toute la
» politique consistait dans les équilibres et les
» contre-poids, dans ce jeu combiné de bascule
» qui finissait toujours par une culbute. On com-
» prend que le pouvoir exécutif fût alors indépen-
» dant, égal et même supérieur au pouvoir légis-
» latif, qui était là pour le pondérer et le modérer,
» le contenir et le balancer, balancement impos-
» sible d'ailleurs ; car, si la royauté était la plus
» forte, on avait le despotisme, sinon la révolu-
» tion ; car ces gouvernements métis n'étaient
» pas possibles, pas viables : les corps à deux
» têtes sont des monstres, et les monstres ne
» vivent pas.

» Mais dans une République il n'y a plus qu'un
» droit, le droit du peuple ; qu'un roi, le peuple
» même représenté par une Assemblée élue,
» l'Assemblée nationale. Cette Assemblée doit
» donc être souveraine comme le peuple qu'elle
» représente ; elle résume tous les pouvoirs,
» elle règne et gouverne par la grâce du peu-
» ple, et elle est absolue comme l'ancienne
» monarchie, et peut dire aussi : « L'État, c'est
» moi ; » seulement, elle le dit avec le droit,
» parce qu'elle le dit au nom du peuple. Il y a
» cette parité entre la monarchie absolue et la
» République, que le pouvoir est un ; il y a cette
» différence, que dans l'une le pouvoir est de
» fait, et que dans l'autre il est de droit. La
» monarchie absolue n'avait qu'un souverain, le
» roi ; la monarchie constitutionnelle en avait
» deux, le roi et le peuple ; la République n'en
» a qu'un seul et véritable, le peuple. La Répu-
» blique n'usurpe pas le pouvoir comme la mo-
» narchie absolue ; elle ne le partage pas comme
» la royauté constitutionnelle, elle le constitue
» dans son unité et dans sa vérité. La puissance
» qui appartenait au roi, puis au roi et aux
» chambres, est revenue tout entière au peuple,
» au peuple seul, au peuple représenté, je le

» répète, par une Assemblée unique, élue par le
» suffrage universel. Le pouvoir législatif doit
» donc dominer complétement le pouvoir exé-
» cutif, sous peine d'avoir aussi deux têtes en
» République, c'est-à-dire toutes les luttes, tous
» les conflits, tous les combats des royautés con-
» stitutionnelles, avec encore plus de risques et
» de périls pour la liberté... »

Il faudrait citer tout ce discours, qui établit, avec une force de logique irrésistible, le danger que présente pour la liberté un président élu par le peuple et indépendant de l'Assemblée nationale.

M. de Tocqueville répondit, au nom de la commission, avec plus d'esprit que de raison, et c'est surtout en faisant appel à l'abnégation de l'Assemblée, en lui demandant de ne pas douter du peuple et du suffrage universel, qu'il parvint à conquérir de nombreux applaudissements.

MM. Parieu, Fresneau, Grévy, Jules de Lasteyrie, Leblond, Lamartine, Roux-Lavergne, Larabit et Bac prirent tour à tour la parole dans cette importante discussion.

Ce fut M. Lamartine qui entraîna l'Assemblée. Dans une magnifique improvisation, dont la fin surtout restera comme un modèle d'éloquence, il s'efforça de démontrer que la crainte qui était dans tous les esprits était une chimère, et que la République sortirait plus forte et triomphante de cette nouvelle et solennelle épreuve du suffrage universel.

« Oui, s'écriait-il, quand même le peuple choi-
» sirait celui que ma pensée, mal éclairée peut-
» être, redouterait de lui voir choisir, n'importe !
» *Alea jacta est !* que Dieu et le peuple pronon-
» cent ! Il faut laisser quelque chose à la Pro-
» vidence ! Elle est la lumière de ceux qui,
» comme nous, ne peuvent pas lire dans les
» ténèbres de l'avenir !... »

M. Grévy avait proposé un amendement dont voici le texte :

« L'Assemblée nationale délègue le pouvoir
» exécutif à un citoyen qui reçoit le titre de
» président du Conseil des ministres.

» Le président du Conseil des ministres est
» nommé par l'Assemblée au scrutin secret et
» à la majorité absolue des suffrages. Elu pour
» un temps illimité, il est toujours révoca-
» ble. »

Cet amendement fut rejeté par 643 voix contre 158.

Plusieurs autres amendements, qui voulaient réserver la nomination du président de la République à l'Assemblée nationale, furent successivement repoussés, et le chapitre V du projet de Constitution fut adopté.

II.

M. Grévy, qui a attaché son nom à cette importante question, était un des membres les plus distingués de la Constituante. Rien qu'à le voir on se sentait attiré vers lui ; il avait quelque chose de méditatif dans l'allure, et son vaste front dévasté par l'étude imprimait à sa parole une séduisante autorité. Son éloquence était plus raisonnable qu'entraînante ; mais on aimait à l'entendre, parce qu'il s'adressait plutôt au bon sens qu'à la passion.

Bon sens bien prévoyant, surtout dans cette question de la présidence ! car, en faisant abstraction des principes, il était évident que la République n'était pas encore assez profondément incrustée dans les mœurs pour n'avoir pas à redouter l'influence et l'ambition d'un homme porté au pouvoir par des millions de suffrages. Le prestige de la royauté s'était effacé dans une révolution ; pourquoi donc essayer aussi vite de le rétablir ? Que M. Lamartine ait cru au bon sens infaillible du peuple, son cœur et son imagination sont là pour l'absoudre ; mais l'Assemblée ne devait-elle pas prévoir que le caprice, l'enthousiasme, la passion, les rancunes, les souvenirs se mêleraient de l'élection, et qu'il pourrait sortir de l'urne un nom à la place d'un homme ?

L'institution de la présidence fut une première faute qui ne tarda pas à être suivie d'une seconde : la nomination immédiate du président avant le vote des lois organiques.

Il ne fallait pas de président de la République.

S'il y en avait un, il fallait le faire nommer par l'Assemblée.

Enfin, s'il devait être nommé par le suffrage universel, il fallait au moins attendre que la République fût définitivement constituée, avant d'élever un pouvoir redoutable, qui aurait nécessairement une grande influence sur l'établissement des institutions qui restaient à créer.

L'Assemblée paraissait décidée à adopter ce parti. La réunion du Palais-National, la montagne, et une nombreuse réunion de divers membres de tous les partis qui eut lieu avant la séance, dans l'ancienne salle des députés, s'étaient prononcés dans ce sens.

Nous exposâmes à l'Assemblée tout ce qu'il y avait d'illogique et de dangereux à vouloir constituer définitivement le pouvoir exécutif, avant d'avoir développé les institutions déposées en germe dans la Constitution, et sans lesquelles la République n'était encore qu'un monument sans grandeur et sans solidité. M. Molé, qui parlait pour la première fois à l'Assemblée, apporta à notre opinion l'appui de son nom et de son talent. L'Assemblée paraissait résolue, elle allait décider que la République serait constituée avant l'élection du président, lorsque M. Cavaignac monta à la tribune pour demander l'élection immédiate, en déclarant formellement qu'il lui était impossible de conserver plus longtemps un pouvoir provisoire et incertain.

Sa parole jeta beaucoup d'anxiété dans les esprits. La majorité avait peur des difficultés qui pouvaient surgir ; plutôt que de reprendre le pouvoir, elle aima mieux s'en remettre au hasard d'un scrutin anticipé.

Cette détermination chez M. Cavaignac annonçait ou une grande lassitude, ou une immense confiance. La lassitude, nous ne voulons pas y croire, car les grandes âmes, lorsqu'elles l'éprouvent, savent encore la dissimuler dans l'intérêt public ; nous aimons mieux penser qu'il croyait au bon sens, à l'intelligence et à la reconnaissance de la France, pour ratifier le choix de l'Assemblée nationale. Illusion, au reste, que beaucoup d'autres partagèrent jusqu'au moment de l'élection.

III.

La Constitution de la République française fut définitivement votée le 4 novembre. Dès le 6, M. Dufaure présentait à l'Assemblée qui l'adoptait, un décret relatif à sa promulgation qui eut lieu dans toutes les communes de la République.

C'est ici le lieu de dire quelques mots des solennités publiques auxquelles l'Assemblée nationale a pris part.

Dans une république, les fêtes doivent être

une institution puissante pour l'éducation et la moralisation du peuple. C'est en se confondant dans les solennités consacrées à la mémoire des grands hommes, ou bien au souvenir des époques mémorables, que les populations apprennent à se connaître et à s'aimer. L'idée des fédérations n'est pas nouvelle ; mais les rois ont tant d'intérêt à tenir les peuples isolés et divisés que, depuis la première Révolution, il n'en était plus question.

Le Gouvernement provisoire songea à les renouveler. Paris conserve le souvenir de la grande fête de la distribution des drapeaux à l'Arc-de-Triomphe de l'Etoile ; et la réunion de l'Assemblée devait être inaugurée par une fête consacrée à la fraternité.

Fixée d'abord au 14 mai, elle fut remise au 21.

Une vaste estrade avait été adossée à la façade de l'Ecole-Militaire, au Champ-de-Mars. L'Assemblée nationale, la Commission exécutive, les corps constitués, y prirent place dès huit heures du matin ; la foule encombrait les allées latérales de ce vaste champ, théâtre de tant de scènes révolutionnaires, qui avait vu la première Fédération, la fameuse fête de l'Être suprême, et sur lequel s'élevaient des mâts pavoisés aux couleurs nationales, des statues colossales de la République, de la France et de la Fraternité, et des trépieds antiques où fumait l'encens. Des batteries d'artillerie dressées sur les hauteurs de Chaillot mêlèrent pendant tout le jour le bruit de leurs salves à la musique guerrière et aux acclamations du peuple. Le défilé dura jusqu'à cinq heures du soir. La République entière s'y trouvait représentée par des députations et des bannières de tous les départements ; la garde nationale, la garde mobile, la garde républicaine, l'armée de terre et de mer, la cavalerie, l'infanterie, les armes spéciales, toutes les écoles, l'industrie, l'agriculture, les combattants de la Bastille, les débris de nos armées de terre et de mer, les arts, les sciences; la France enfin, par tous ses enfants, par la manifestation de toutes ses puissances et de toutes ses gloires, s'y trouvait pour ainsi dire réunie.

Des centaines de jeunes filles vêtues de blanc précédaient le char de l'Agriculture traîné par huit chevaux de labour, et sur lequel on distinguait les attributs du premier des arts.

Les jeunes orphéonistes mêlaient aux vivats des chants patriotiques, et toute cette magnifique scène était éclairée par un soleil éclatant.

La joie était dans tous les cœurs, la République

semblait au-dessus des orages ; et cependant, un mois après, l'Assemblée nationale assistait à une autre fête, fête lugubre et funèbre, dans laquelle se résumaient bien des larmes et bien des douleurs.

C'était le service commémoratif en l'honneur des victimes des journées de Juin.

Figurez-vous la place de la Concorde, la plus belle place du monde, embrasée par un soleil ardent, couverte de troupes, et çà et là, tous les corps constitués de l'Etat, les tribunaux, les académies, les facultés, etc....; un autel gigantesque était dressé en face de la grande avenue des Champs-Elysées, précisément, dit-on, à la place où fut exécuté Louis XVI ; soixante marches couvertes de lévites y conduisent, trois évêques représentants du peuple sont assis et vont officier ; tout le clergé de Paris est groupé autour de cet immense monument ; la terrasse et le jardin des Tuileries sont couverts d'une foule compacte, sérieuse et triste ; les balcons, les fenêtres, les combles du Garde-Meuble et du ministère de la Marine regorgent de curieux ; chaque fenêtre de la rue de la Concorde encadre une gerbe de têtes ; le Palais-Bourbon et l'église de la Madeleine sont tendus de noir... A neuf heures et demie, l'Assemblée nationale, ayant à sa tête son bureau, le chef du pouvoir exécutif et les ministres, traverse le pont et vient se grouper au pied de l'Obélisque ; le service commence et se continue sans musique, sans bruit, sans autre accompagnement que les roulements sourds et lointains des tambours.

Après la messe, un char gigantesque, le char des victimes, traîné par seize chevaux noirs, surmonté de crêpes et de drapeaux en deuil, couvert d'immortelles et s'élevant, majestueux et sombre comme la mort, au-dessus de toutes les têtes, s'avance lentement dans l'avenue des Champs-Élysées. Le clergé et l'Assemblée nationale se mettent en marche ; on se dirige vers la Madeleine, où a lieu l'absoute.....

La troisième fête à laquelle assista l'Assemblée nationale fut celle de la promulgation de la Constitution, le 12 novembre 1848.

Le lieu choisi pour la solennité était encore la place de la Concorde ; l'autel s'élevait au Pont-Tournant, à l'entrée du jardin des Tuileries ; mais cette fois le soleil avait fait défaut, le ciel était sombre, une pluie froide et mêlée de neige tombait depuis le matin, et il fallut jeter un manteau sur les épaules de M. Marrast pendant qu'il lisait le texte de la Constitution.

Était-ce un présage de mauvais augure pour la Constitution et la République?... Les organes de la réaction ne manquèrent pas de le dire; ils firent remarquer, avec une joie mal dissimulée, que Dieu semblait abandonner la République. Pauvres insensés, qui font dépendre d'un nuage le salut des peuples et le progrès de l'humanité!

L'Assemblée était placée sur un amphithéâtre aux deux côtés de l'autel. L'archevêque de Paris, qui officiait, était accompagné des évêques d'Orléans, de Quimper, de Langres, de Madagascar, et d'un nombreux clergé.

Le président, les vice-présidents, les secrétaires et les questeurs de l'Assemblée étaient placés, ainsi que le chef du pouvoir exécutif et les ministres, sur une estrade installée au pied de l'autel.

Après la lecture de la Constitution et le *Te Deum*, les gardes nationales et les troupes défilèrent aux cris de *vive la République!*

Le peuple et l'enthousiasme étaient absents de cette fête. On remarqua que MM. Cavaignac et Marrast se tenaient éloignés de l'Assemblée, et qu'au moment du défilé ils descendirent seuls devant le front des troupes, laissant les représentants se morfondre sur l'estrade. Quelques-uns s'en plaignirent amèrement.

C'est pendant cette solennité que M. Cormenin, membre de la commission de Constitution, nous disait en répondant à nos appréhensions au sujet du pouvoir exécutif: « Bah! notre président ne
» sera jamais bien redoutable, nous avons voulu
» ne pas rompre trop brusquement avec les
» mœurs de la nation, qui est habituée à avoir un
» chef; mais, après tout, nous n'avons fait qu'une
» espèce de grand maître des cérémonies de la
» République, chargé de présider aux solennités
» nationales. »

L'Assemblée avait encore à instituer la fête commémorative de la Révolution de 1848 et de la proclamation de la République. On approchait du 24 février: M. Portalis déposa une proposition qui fut renvoyée au comité de l'Intérieur.

Au silence du pouvoir, il était aisé de voir qu'il désirait passer ce glorieux anniversaire sous silence. Comment en aurait-il été autrement, en effet? Les doctrines des ministres n'avaient-elles pas été vaincues au mois de Février, et cette révolution populaire n'était-elle pas la condamnation éclatante de toute leur vie politique?...

Fêter l'anniversaire de Février, c'était consacrer le droit révolutionnaire du peuple; le parti de la réaction ne pouvait y consentir.

Aussi, dans la discussion du comité de l'Intérieur, une opinion, celle que M. Léon Faucher devait apporter le lendemain à la tribune, ne tarda pas à se produire. Elle consistait à renvoyer la fête au 4 mai et à ne célébrer que l'anniversaire de la proclamation de la République par les représentants, sans tenir compte de la victoire du peuple. Elle fut surtout soutenue par MM. Léon de Maleville et Leremboure. Chose bien facile, car la vérité était de notre côté ; nous leur répondîmes avec succès, ce qui nous valut l'honneur d'être choisi comme rapporteur du projet de loi.

Le ministre de l'Intérieur essaya de s'opposer aux conclusions du rapport, en présentant un projet qui renvoyait la fête légale au 4 mai, et qui ordonnait seulement un service funèbre le 25 février. On ne manqua pas de dire que c'était l'enterrement de la République qu'il demandait.

C'est dans un esprit de conciliation et pour donner satisfaction à ceux qui voulaient fêter l'anniversaire de la réunion de l'Assemblée, que le comité rédigea un nouveau projet qui déclarait jours fériés les 25 février et 4 mai, et qui prescrivait qu'un service religieux commémoratif et d'action de grâces serait célébré dans toutes les communes de la République.

La fête du 25 février offrit un intérêt particulier. C'était la première fois qu'aux termes de l'article 64 de la Constitution, le président de la République présidait une solennité nationale; c'était aussi la première fois depuis son installation qu'il se trouvait en contact direct avec l'Assemblée nationale. Chacun était curieux d'examiner son attitude et de voir réunis les représentants de deux pouvoirs entre lesquels avait passé déjà plus d'un nuage.

Cette attitude fut glaciale et manqua complétement de cette cordialité qui devrait toujours exister entre les grands corps de l'État.

L'Assemblée arriva seule à l'église de la Madeleine, au milieu des acclamations de la garde nationale, qui lui rendait alors tout son amour.

Le président vint à cheval, après elle, poursuivi par les cris obstinés de *vive la République*, *vive l'Amnistie!*

Ce fut une bonne journée pour la Révolution. Tout le monde put comprendre que la forme républicaine commençait à s'emparer des cœurs, et qu'au besoin les bras de la population ne manqueraient pas pour la défendre.

L'église était tendue de noir. Des crêpes voilaient l'éclat du jour, un cénotaphe s'élevait au milieu du sombre édifice, le président de l'Assemblée et le président de la République étaient assis dans le chœur, autour duquel se groupaient l'Assemblée nationale, l'état-major, les blessés de Février, les corps constitués, la garde nationale et l'armée.

Les siéges réservés au corps diplomatique restèrent vides. Rancune misérable des rois, qui ne nous pardonneront jamais notre liberté et notre gloire !

A la fin du service funèbre, les voiles furent tout à coup enlevés, et le soleil vint illuminer l'église. Le chant du *Te Deum* montait vers les cieux; il demandait à Dieu de protéger la République française.

La fête du 4 mai fut la dernière à laquelle l'Assemblée Constituante assista. Combien, hélas ! les temps étaient changés, et quel immense terrain la contre-révolution avait gagné depuis le jour où, répondant aux acclamations du peuple, les représentants étaient venus spontanément proclamer la République à la face du soleil, sur le perron du Palais-Bourbon !

Depuis lors, les libertés publiques avaient été presque toutes ou compromises ou détruites ; les représentants du principe républicain étaient successivement descendus du pouvoir, et vous n'auriez rencontré, dans les antichambres et dans les salons ministériels, que ces physionomies équivoques qui avaient disparu un instant après Février, et qui flattaient alors le pouvoir nouveau pour le trahir bientôt, comme elles avaient tour à tour adulé et trahi ses devanciers. L'intrigue avait pris la place du patriotisme : la République était aux mains de ses ennemis.

L'Assemblée succombait sous le poids de ses regrets. La majorité de ses membres allait être vaincue dans la lutte électorale ; et, soit découragement véritable, soit pressentiment douloureux, la tristesse était empreinte sur les visages. Grande leçon du Ciel pour la plupart de ces hommes qui avaient méconnu tant de fois leur véritable mission, et que l'irritation et l'injustice des partis allaient punir cruellement pour des faiblesses transformées en crimes !

Un autel gigantesque avait été dressé au pied de l'obélisque. Des estrades sur les deux côtés donnaient place à l'Assemblée et aux fonctionnaires publics. Le président de la République arriva par la grande avenue des Champs-Élysées, escorté d'un brillant état-major. Il prit place devant l'autel, entre le président de l'Assemblée nationale et le vice-président de la République.

Le soir, les édifices publics et les Champs-Élysées étaient splendidement illuminés; des feux d'artifice furent tirés à la barrière de l'Étoile et à la Bastille : c'était une copie des fêtes de la monarchie.

IV.

Quel serait le sort de cette Constitution qui venait d'être solennellement proclamée?... Apporterait-elle aux populations un bonheur ardemment désiré? prendrait-elle un légitime et puissant empire sur les consciences, ou bien, au contraire, des nécessités de révision se feraient-elles prochainement sentir?... Nul ne pouvait le prévoir. Mais on pouvait assurer qu'elle serait durable, si la maturité d'idées et les bonnes intentions de ses auteurs sont de sérieuses conditions d'existence.

Après avoir été longuement médité au sein de la commission, le projet avait été soumis à la discussion des bureaux. Un certain nombre de représentants prirent part à ce travail préparatoire, qui servit à aplanir beaucoup de difficultés avant la discussion générale.

Cette idée d'une discussion dans les bureaux appartient à M. Pleignard, représentant instruit, modeste, laborieux, et surtout très-dévoué à la République.

Une foule d'hommes spéciaux, qui se seraient effrayés au grand jour du débat public et qui auraient hésité peut-être à aborder la tribune, développèrent leurs idées dans les bureaux, et on leur doit, à coup sûr, plus d'une modification utile.

Le débat public a peut-être manqué quelquefois de solennité. Il est à regretter qu'une discussion aussi grave, qui appartient à l'histoire et qui doit marquer sa place dans les fastes parlementaires, soit descendue dans certains moments aux proportions turbulentes et vulgaires d'un projet d'intérêt local. On aimerait à se représenter des débats remplis de calme et de solennité, et c'est un sénat de philosophes qu'il faudrait pour édifier la constitution d'un grand peuple plutôt qu'une assemblée toute remplie d'agitations, où les interpellations se croisent, où la voix de l'orateur se perd parfois comme au milieu du bruit des tempêtes... Que voulez-vous ? On ne refait pas la nature humaine; nous avions les défauts de toutes les assemblées délibérantes; et notre passion, nos cris, nos colères, nos orages valaient mieux encore que l'indifférence. Lorsque l'Assemblée frémissait, c'est qu'elle se passionnait pour la vérité, ou bien qu'elle se sentait blessée dans ses sentiments, dans sa raison, dans sa logique. Ne redoutez pas tant au reste cette passion, car elle est en définitive la preuve de la vie, et il arrive même que l'exclamation isolée qui vous scandalise au premier abord, n'est souvent que la protestation courageuse d'une âme justement indignée.

Non pas qu'on doive approuver les débats confus où les cris prennent la place de la discussion, où quelques-uns s'enivrent de tapage, où l'agitation touche presque à la violence, où la vérité la plus splendide serait impuissante à se faire jour. Non, ces débauches parlementaires sont condamnables et elles doivent disparaître devant une discussion véritable, aux allures décentes, aux résultats utiles. Mais, par un excès contraire, il ne faut pas que l'Assemblée nationale de France tombe dans un calme monotone qui ressemblerait plutôt à une dissertation académique qu'aux discussions parlementaires. A chacun son rôle : que les sénats aristocratiques soient graves, majestueux, compassés même ; que les chambres bourgeoises aient des allures étroites et mesquines ; qu'une réunion de savants soit élégante et polie ; mais, pour Dieu ! que l'Assemblée nationale reste animée sans confusion, passionnée sans colère, susceptible sans parti pris, impressionnable, chatouilleuse, ardente, toute remplie enfin de ces impétuosités naturelles qui s'élèvent, barrières puissantes et inattendues, contre les projets des mauvais esprits, et qui repoussent aussitôt que nées les propositions malencontreuses des ignorants ou des bavards.

C'est cette spontanéité de bon jugement qui fut surtout remarquable dans la discussion de la Constitution. Que d'amendements saugrenus ont été de la sorte écartés par cette justice un peu brusque peut-être, mais bonne et équitable au fond !

Les amendements, oh ! quel curieux recueil on en pourrait faire !... Les systèmes les plus étranges, les idées les plus contradictoires, les doctrines les plus déraisonnables ont profité de l'occasion pour se faire jour. A propos de la Constitution, il n'est pas de rêve creux qu'on n'ait converti en articles de loi, et telle élucubration qui n'aurait jamais trouvé place dans le plus insensé des journaux, venait se produire effrontément à la tribune. Celui-là réclamait pour les franchises communales; il cachait, sous son style embarrassé, toute une France nouvelle, la France d'il y a trois siècles, où chaque province était un État, où chaque ville avait sa charte, où les coutumes se disputaient le sol, où notre France unitaire, si forte, si grande par sa centralisation, n'était encore qu'un royaume aux éléments épars et divers, attendant les grands jours de la Révolution pour se fondre dans un seul tout et ne former qu'une nation, comme ces matières informes naguère encore, maintenant jetées dans le moule et devenant sous la main de l'artiste la statue aux formes puissantes et harmonieuses. — Tel autre amendement avait des proportions plus modestes; il se glissait innocemment entre deux articles, sans prétention, sans emphase ; vous cherchez sa portée, vous vous efforcez de le comprendre, vous voudriez en saisir le sens : peine perdue, il ne dit rien, il ne veut rien dire. Mais c'était un amendement, et son auteur a pu revenir tout radieux dans son village, en offrant aux méditations de ses électeurs la pensée profonde que l'Assemblée nationale inintelligente ou injuste a refusé de consacrer.

Cependant, et c'était merveille, la discussion

marchait au milieu de ces embûches. La pénétration de M. Marrast, le bon sens de l'Assemblée savaient faire pleine justice des pensées importunes, et c'était plaisir de les voir émonder cet arbre de nos libertés auquel chacun prétendait attacher un rameau.

Beaucoup d'orateurs se sont produits et la nomenclature en serait trop longue. Il en est cependant qu'on ne saurait passer sous silence.

A leur tête se place M. Dufaure, orateur sobre, châtié, raisonnable; il devait plaire à cette Assemblée ennemie de la rhétorique, mais admiratrice du bon sens. Son raisonnement est nerveux et serré, son style est limpide et facile, sa logique est nette et acérée. Les anciens amis de M. Dufaure affirmaient que son talent avait considérablement grandi à l'Assemblée nationale. Admirable puissance de la démocratie, qui colore et réchauffe tout ce qui passe sous son soleil !

M. Vivien s'était révélé dans la discussion du réglement. Les discussions de chiffres, de faits, de circonstances, toutes celles enfin qui exigent plutôt de la lucidité que de l'élévation convenaient très-bien à son éloquence qu'on pourrait appeler arithmétique.

M. Coquerel, pasteur protestant, à la parole grasseyante, au geste superbe, cachait sous l'emphase de son discours beaucoup de haute raison et serait devenu un orateur d'élite s'il avait pu oublier la chaire pour la tribune et modifier son ton parfois trop doctoral.

M. Odilon Barrot était toujours le même : éloquence ample et quelquefois diffuse, style tout rempli de majesté comme sa personne, geste magnifique, lèvre dédaigneuse ; voilà cet orateur qu'on admirait pour la pompe du langage, et qu'on estimait pour son honnêteté.

Quant à M. Dupin, c'était le dialectisme spirituel, serré, impitoyable. Sa phrase saccadée et incisive ne laissait jamais de répit à ses adversaires : il commençait à les confondre à force de raison, pour les renverser ensuite sous les traits acérés de sa mordante ironie. Personne qui sache mieux dégager une question des obscurités de la discussion ; personne qui termine mieux un débat par un mot spirituel ou foudroyant.

M. Martin (de Strasbourg) ne déploya pas tout le talent qu'on attendait de lui. C'était pourtant un orateur de premier ordre, souple et méthodique, clair et vigoureux, argumentant avec logique, et possédant à un très-haut degré les qualités du style. Malheureusement une santé profondément altérée paralysait le plus souvent son talent et ses efforts.

V.

Un décret du 28 octobre avait fixé l'élection du président de la République au 10 décembre. Nous avons dit déjà que c'était une faute. L'Assemblée ne tarda pas à le comprendre et à en ressentir les premières et funestes conséquences. Ayant abdiqué une partie de sa force et de sa puissance, elle avait le droit d'espérer qu'on lui laisserait terminer en paix sa mission, et que désormais elle ne serait plus inquiétée par les exigences et les calomnies des partis. Vaine illusion ! ce demi-sacrifice ne suffisait pas aux implacables ennemis de nos institutions ; et pendant qu'ils agitaient le pays autour d'un nom illustre, dans l'intérêt de leurs passions et de leurs haines ; pendant que des imputations atroces, des calomnies sans exemple étaient perfidement colportées sur le compte des candidats de la démocratie : MM. Cavaignac, Ledru-Rollin et Lamartine, des intrigues s'ourdissaient déjà pour mettre fin à l'existence de l'Assemblée et obtenir une abdication anticipée.

En vain le décret du 11 décembre, rendu sur la proposition de M. Pascal Duprat, un des jeunes représentants les plus distingués, énumérait-il un certain nombre de lois organiques que l'Assemblée s'engageait à voter avant de se séparer, nous verrons la réaction revenir sans cesse à la charge et obtenir enfin la dissolution tant désirée.

Voici les lois énumérées, conformément à l'article 115 de la Constitution, par le décret du 11 décembre; le lecteur jugera si elles n'étaient pas réellement indispensables à l'établissement réel, solide et définitif de la République :

1° Loi sur la responsabilité des dépositaires de l'autorité publique ;

2° Loi sur le conseil d'État ;

3° Loi électorale ;

4° Loi d'organisation départementale et communale ;

5° Loi d'organisation judiciaire ;

6° Loi sur l'enseignement ;

7° Loi sur l'organisation de la force publique (garde nationale et armée) ;

8° Loi sur la presse ;

9° Loi sur l'état de siége ;

10° Loi sur l'organisation de l'assistance publique.

Cependant, nous verrons l'Assemblée se séparer n'ayant encore voté que *la loi sur le conseil d'État* et *la loi électorale.* Désertion impardonnable, qui n'était que la conséquence logique de l'élection du président !...

VI.

La majorité de l'Assemblée était favorable à la candidature du général Cavaignac. La montagne seule posait résolument celle de son chef, M. Ledru-Rollin. Quant à la réaction, elle n'adopta définitivement celle de M. Louis Bonaparte qu'à la dernière extrémité, et, peu de jours encore avant le 10 décembre, M. Thiers poursuivait le nom du neveu de l'Empereur de ses lazzis et souvent même de ses injures. Une lettre écrite à quelques électeurs du Havre et rendue publique donna la mesure de son dédain, on pourrait dire de sa haine.

Le suffrage universel n'a pas consacré le vœu de la majorité. Est-ce à dire qu'elle avait tort de désirer pour président de la République celui qui, placé par sa confiance au sommet du pouvoir, avait traversé les tempêtes le front calme, et malgré bien des fautes, bien des concessions déplorables, était du moins resté fidèle au nom et au drapeau de la République ?... Non. Cette sympathie s'appuyait sur la reconnaissance et le patriotisme; elle ne pouvait avoir de meilleurs garants. Combien, au reste, sans compter les titres éminents du général, elle se trouve justifiée par la mémorable discussion qui précéda de quelques jours l'élection du 10 décembre !

De sourdes accusations, des calomnies colportées mystérieusement, s'étaient fait jour tout à coup et prenaient une plus grave intensité à mesure que l'heure de l'élection approchait. Elles étaient dirigées contre le chef du pouvoir exécutif, candidat à la présidence de la République.

Tant que ces lâchetés avaient traîné dans de misérables feuilles de province, M. Cavaignac les avait dédaignées. Trop fier pour ne pas être susceptible, il attendait un adversaire digne de lui pour le confondre. Ce fut M. Barthélemy Saint-Hilaire, de concert avec ses amis MM. Garnier-

Pagès, Pagnerre et Duclerc, qui eut l'imprudence et le triste courage d'accepter ce duel parlementaire.

Parmi les imputations colportées contre la candidature du général, il en était une où l'odieux le disputait au ridicule. Nous l'avons appréciée déjà au commencement de cet ouvrage. Elle consistait à dire que M. Cavaignac avait favorisé l'insurrection de Juin pour se donner la gloire de la réprimer, et qu'usant d'une tactique odieuse, il s'était plu à concentrer des troupes autour de l'Assemblée comme pour favoriser le développement de l'émeute, tandis que dispersées rapidement dans Paris, elles auraient, disait-on, étouffé la sédition dans son germe.

Les représentants que nous venons de nommer avaient donné à cette odieuse calomnie le poids de leur attestation et de leur signature.

Ce fut dans la séance du 25 novembre que s'ouvrit ce solennel débat provoqué par M. Cavaignac. Beaucoup de représentants que la session des conseils généraux retenait éloignés de Paris, accoururent des divers points de la France ; Paris et l'Assemblée étaient dans l'anxiété.

Jamais accusation ne fut plus victorieusement repoussée. M. Cavaignac se révéla sous un jour tout nouveau ; le militaire était devenu orateur de premier ordre. Tour à tour vif, entraînant, chaleureux, ironique, sévère, il tint l'Assemblée suspendue à ses lèvres pendant de longues heures. On sentait sous son langage contenu l'indignation de l'honnête homme, et vingt fois la brusquerie du soldat faillit rompre la trame habile de son discours. Il déchargea son cœur où s'étaient amassés depuis cinq mois des trésors d'indignation et de mépris. A mesure qu'il déroulait, pour les confondre, les perfides calomnies dont il était devenu l'incessant objet, on sentait pour ainsi dire sa poitrine se dilater, et son œil s'illuminait de flammes rapides lorsqu'un mot heureux, une raison péremptoire soulevaient les applaudissements de l'Assemblée.

Ce débat restera comme une des plus belles pages de notre histoire parlementaire. Il se continua jusqu'à minuit.

M. Barthélemy Saint-Hilaire apporta à la tribune un immense factum, chapitre inédit d'histoire, disait-il ; histoire peu véridique, plutôt remplie de passion que de sincérité et sur laquelle l'éloquence de M. Cavaignac passa un trait désormais ineffaçable.

M. Garnier-Pagès essaya de venir en aide à ses

amis. C'était la coalition des ambitions déçues. Leur langage rempli d'erreurs et de fiel n'éveillait aucune sympathie, et d'accusateurs qu'ils devaient être, ils devinrent bientôt, sous la parole ardente du général, accusés, mais accusés sans cette audace et cette fierté que donne une juste cause.

M. de Lamartine raconte, dans son *Histoire de la Révolution de* 1848, que, dans la nuit du 24 au 25 février, « Garnier-Pagès, déjà brisé par la souf-
» france et par les efforts qu'il venait de faire
» pour conquérir et pour concentrer dans ses
» mains la mairie de Paris, répandait à flots sur
» la multitude sa voix, son âme, ses gestes, sa
» sueur. Ses bras s'ouvraient et se refermaient
» sur sa poitrine comme pour embrasser ce peu-
» ple. La bonté, l'amour, le courage illuminaient
» sa physionomie pâle d'un rayon d'ardeur qui
» touchait les plus exaspérés. Il faisait plus que
» convaincre, il attendrissait... »

Le 25 novembre, c'était bien la même éloquence dramatique, le même geste, la même voix, la même pâleur, ; pourquoi ne parvint-il à convaincre ni à attendrir personne? C'est que l'amour avait fait place à l'amertume.

A onze heures du soir, au milieu d'un silence religieux, le vénérable Dupont (de l'Eure) monta à la tribune. Voici ses paroles ; ce sont les dernières qu'il ait fait entendre à l'Assemblée :

« Il ne faut rien moins que la gravité des cir-
» constances dans lesquelles nous nous trouvons,
» pour me déterminer à monter à cette tribune,
» et si j'y parais aujourd'hui, c'est profondé-
» ment affligé des causes qui ont nécessité cette
» discussion ; je voudrais conjurer l'Assemblée
» nationale de mettre un terme à des attaques et
» à des divisions qui, évidemment, ne peuvent
» nuire qu'à la République.

» Les explications qui vous ont été données
» par le chef du pouvoir exécutif sont tellement
» lumineuses et empreintes d'un tel caractère de
» loyauté, qu'elles ont dû porter la conviction
» dans tous les esprits. Elles l'ont du moins por-
» tée dans le mien, et ma conviction, j'espère
» que vous la partagerez aussi ; c'est avec une
» entière confiance et dans toute la sincérité de
» ma conscience, que j'ai l'honneur de vous pro-
» poser l'ordre du jour ainsi motivé :

» L'Assemblée nationale, persévérant dans le
» décret du 28 juin 1848, ainsi conçu : *Le géné-
» ral Cavaignac, chef du pouvoir exécutif, a bien
» mérité de la patrie,* passe à l'ordre du jour. »

Ces paroles, accueillies par de vifs applaudissements, furent consacrées par l'adoption de l'ordre du jour proposé par M. Dupont (de l'Eure), à la majorité de 503 voix contre 34.

Le lendemain, on lisait avec étonnement parmi les 34 opposants le nom de M. le général Baraguay d'Hilliers, car on savait qu'aux journées de Juin, il avait refusé un commandement qui lui était offert par M. Cavaignac, préférant rester spectateur impassible de la lutte, plutôt que de se mêler à ses nombreux compagnons d'armes accourus pour défendre la société !

VII.

Cette mémorable séance, qui aurait dû rallier au général Cavaignac tous les cœurs honnêtes et tous les patriotes sincères, ne fit pourtant qu'accroître le nombre et l'audace de ses adversaires ; tant il est vrai que les partis ne pardonnent jamais l'estime et l'admiration qu'on leur impose !

Le ministre de l'Intérieur, pour mettre la France entière à même de prononcer sur ce solennel débat, avait cru pouvoir retarder de six heures le départ des malles-postes. De là, récriminations sans nombre. On eût dit que le chef du pouvoir exécutif avait violé toutes les lois de la morale et de l'honnêteté. Ce fait si simple fut présenté comme un odieux abus de pouvoir, comme une machiavélique tentative de corruption électorale ; et l'on vit s'indigner le plus fort ceux qui par leurs scandales avaient déshonoré le règne de Louis-Philippe et ceux qui, quelques mois plus tard, au moment des élections générales, devaient effrontément abuser les populations à l'aide d'une dépêche télégraphique devenue fameuse.

C'était plaisir de voir la feinte indignation de ces puritains de nouvelle espèce. On eût dit des républicains austères, dont la conscience venait d'être alarmée par quelque manœuvre royaliste ; ils n'avaient pas de paroles assez sévères pour une pareille iniquité, et qui les aurait entendus sans les connaître, se serait affligé du tourment de ces âmes timorées.

Mais, comme si cette petite comédie ne devait pas suffire, on eut soin, deux jours avant l'élection, d'apporter à la tribune un débat irritant à propos de la commission des récompenses nationales instituée à l'Hôtel-de-Ville après la Révolution de Février, et de rendre le général Cavaignac responsable des erreurs ou des fraudes qui s'étaient glissées dans son travail.

La commission avait dressé une liste de personnes qui devaient recevoir des récompenses. Cette liste, transmise au ministre de l'Intérieur, avait été présentée par lui à l'Assemblée nationale, qui devait sanctionner les propositions. Il arriva que quelques noms étaient peu dignes de l'estime publique et des récompenses qu'on leur destinait; c'était une erreur de la commission, une faute si l'on veut, un crime même; mais, en conscience, M. Cavaignac avait-il, en cette occasion, quelque chose à se reprocher, et devait-on le rendre responsable de cette liste dont il ne connaissait pas, à coup sûr, un seul nom?

Personne ne s'y était sérieusement mépris : on le savait innocent; mais, comme c'était une excellente machine de guerre, ses adversaires en usèrent pour porter le dernier coup à sa candidature ébranlée. Nouvel et ignoble exemple de l'injustice des partis, qui serait capable de faire prendre en horreur le suffrage universel, si l'éducation publique ne devait pas bientôt faire disparaître de nos mœurs ces scandaleux moyens!

VIII.

Pendant ces préliminaires de la lutte électorale, il se passait en Europe un fait de la plus haute gravité, qui devait avoir une bien grande importance pour notre politique étrangère et pour la stabilité intérieure de notre République.

Le pape était parti furtivement de Rome le 24 novembre à cinq heures du soir ; Rome était restée calme et indifférente ; un vote de confiance avait été accordé au ministère. Une dépêche télégraphique de notre consul ajoutait que le pape se rendait en France, et que le *Ténare* était allé le prendre à Gaëte.

La veille du jour où cette nouvelle parvint à Paris, un débat sur les affaires d'Italie s'était élevé à l'Assemblée, et comme la révolution était imminente à Rome, la fuite du pape ne fit que confirmer les craintes des uns et les espérances des autres.

A ce moment, le gouvernement et l'Assemblée n'avaient qu'un but, laisser s'accomplir la révolulution romaine et sauvegarder la personne du pape.

Si ce n'était qu'un mouvement éphémère, si le peuple ne voulait pas reconquérir sa souveraineté, évidemment la sédition serait bientôt comprimée; mais si, au contraire, les Romains, suivant notre exemple, étaient résolus à se donner une constitution et des lois, et à briser dans les mains du pontife un pouvoir temporel depuis longtemps odieux, il était bon que cet effort d'un peuple digne de la liberté s'accomplît sans entraves. Dans tous les cas, elles ne devaient jamais venir de la France républicaine.

Quant à la personne du pape, il appartenait à la France de la protéger et de lui offrir même l'hospitalité. C'est dans ce but seulement qu'une brigade de 3,500 hommes avait été dirigée par le gouvernement sur Civita-Vecchia et que M. de Corcelles était parti pour Rome en qualité d'envoyé extraordinaire. Les instructions données par le ministre des affaires étrangères à l'envoyé de la République ne laissent aucun doute à cet égard; on y lit en effet: — « Je ne saurais trop insister
» pour vous faire comprendre que votre mission
» n'a et ne peut avoir pour le moment d'autre but
» que d'assurer la sûreté personnelle du Saint-

» Père, et, dans un cas extrême, sa retraite mo-
» mentanée sur le territoire de la République.
» Vous aurez soin de proclamer hautement que
» vous n'avez à intervenir à aucun titre dans les
» dissentiments qui séparent aujourd'hui le Saint-
» Père des peuples qu'il gouverne... »

C'est dans ce sens que l'Assemblée approuva la conduite du gouvernement, en adoptant à une immense majorité un ordre du jour motivé ainsi conçu : « L'Assemblée, approuvant les mesures
» de précaution prises par le gouvernement pour
» assurer la liberté du Saint-Père, et se réservant
» de prendre une décision sur les faits ulté-
» rieurs et encore imprévus, passe à l'ordre du
» jour. »

IX.

Mais, nous l'avons dit, l'arrivée du pape en France était officiellement annoncée. Il ne s'agissait plus de protéger sa fuite, il fallait le recevoir d'une manière digne de lui et de la République.

C'est dans ce but que M. Freslon, ministre de l'Instruction publique et des Cultes, partit pour Marseille.

Ce jeune ministre est un des hommes dont la fortune politique a grandi le plus rapidement. Il devait sa position à un incontestable talent, et, ce qui vaut mieux, à une grande élévation de caractère. Très-connu dans l'ouest de la France par ses luttes comme avocat en faveur de la liberté, il ne pouvait pas rester indifférent au spectacle d'une grande révolution plus rapide peut-être que ses prévisions, ou bien encore plus radicale que les réformes qu'il rêvait, mais enfin saisissante pour un esprit ami du juste et instinctivement préparé à servir et aimer les vérités démocratiques.

C'est un magnifique phénomène que celui qui s'est opéré après la révolution de Février dans une foule d'intelligences. Pendant que d'ordinaire les commotions politiques ébranlent les consciences, jettent du trouble dans les cœurs, rendent indécises ou tremblantes les meilleures volontés, la Révolution a tout à coup transformé, éclairé, converti plusieurs de ses adversaires parmi les intelligences d'élite. Ce mouvement des esprits s'est opéré sans hésitation, et pour ainsi dire par enchantement. On dirait qu'une nuit épaisse s'est tout à coup dissipée, et que la vérité radieuse est apparue à leurs yeux ravis.

Les lueurs splendides de la démocratie ont subitement succédé aux ténèbres et aux mensonges du gouvernement monarchique. C'est comme un poids dont on aurait soulagé les cœurs, et cette magnifique aspiration était tellement providentielle, qu'il y a eu un moment où la République ne rencontrait aucune opposition, pas une voix pour protester contre son établissement. Il a fallu plusieurs jours de magnanimité et de véritable grandeur pour donner le temps aux mauvaises passions égoïstes et peureuses de relever la tête.

A la révolution de Juillet, il n'en fut pas ainsi. Le soir même de la victoire, il y eut une opposition sérieuse et formidable. Les bons esprits comprirent, dès la première heure, que le mouvement était incomplet et imparfait, que ce n'était encore qu'une demi-satisfaction, et qu'un trône replâtré verrait renaître peu à peu autour de ses degrés les abus monarchiques toujours audacieux et tenaces.

Avocat depuis 1829, M. Freslon était, au moment des ordonnances de Charles X, rédacteur d'un journal libéral à Angers; il fut poursuivi pour délit de presse, le 17 juillet. Deux mois après, il s'asseyait comme substitut au même siége d'où était parti naguère le réquisitoire qui demandait sa condamnation ; et, étrange bizarrerie de la fortune politique! il aurait pu bientôt requérir à son tour contre les libertés publiques, s'il n'eût préféré répudier la politique contre-révolutionnaire de Louis-Philippe et reprendre toute son indépendance dans les rangs du barreau.

Depuis lors jusqu'en 1840, il se consacra tout entier à l'étude de sa profession, se préparant aux luttes plus vives et plus sérieuses qui devaient fonder sa réputation. En effet, voici que le *Précurseur de l'Ouest* est fondé et que commence le conflit au sein du conseil municipal d'Angers. On connaît toutes les phases de ce duel, où, malgré les condamnations judiciaires, malgré l'inflexibilité du pouvoir, et grâce au bon sens de la population, la cause de la liberté finit par triompher. C'est l'époque critique de la vie de M. Freslon. On peut assurer que c'est là que son talent s'est complété : car, pour les hommes politiques la méditation et l'étude ne sauraient suffire, il leur faut les péripéties et les angoisses d'une lutte acharnée.

Comme orateur, M. Freslon avait les qualités et les défauts de cette éducation. Chez lui l'avocat se tempérait par l'habitude des assemblées délibérantes, et il avait fort heureusement perdu cette faconde du discoureur qui se complaît dans les redites, et qui a marqué d'avance sur le cadran de l'horloge le temps pendant lequel il fatiguera son auditoire. Il était rapide et précis. Mais aussi il avait gardé une fougue, un emportement oratoire qu'on ne rencontre guère à la tribune parlementaire. Ce qu'on aimait en lui, c'est qu'il allait droit au but, sans détours ni périphrases ; ce qu'on aurait voulu, c'est qu'il fût plus sobre de colère et de gestes exagérés. Lorsqu'on parle au monde entier devant l'Assemblée nationale, il faut apporter beaucoup de mesure dans la forme du discours, et s'efforcer de prêter aux bonnes idées une enveloppe séduisante par sa sobriété et sa rectitude. Combien d'orateurs doivent une partie de leurs succès à la dignité de leur maintien et au choix de leur langage !

M. Freslon est de ceux que les études philosophiques ont admirablement préparés à la politique. Religieux par le cœur, libéral par la pensée, on sentait sous sa parole la conscience d'un honnête homme et le désir vague peut-être, mais certain, de voir réaliser les grandes réformes sociales que nous garde l'avenir.

Sa mission auprès du Pape devenait sans objet. Il apprit à Marseille que le fugitif préférait rester à Gaëte que d'accepter l'hospitalité française qui lui était si généreusement offerte.

TABLE DES MATIÈRES.

Introduction. — Liste des représentants du peuple à l'Assemblée constituante, pages I à XX.

LIVRE PREMIER.

I. Ouverture de l'Assemblée constituante. — Curiosité du public. — Injustice de l'opinion envers le Gouvernement provisoire. — II. Aspect de Paris le 4 mai. — Première séance. — M. Audry de Puyraveau, doyen d'âge. — Discours de M. Dupont (de l'Eure), président du Gouvernement provisoire. — Son caractère et son dévouement. — III. Motion de MM. Courtais et Babaud-Laribière. — Proclamation de la République sur le perron du Palais-Législatif. — IV. Constitution du bureau. — M. Buchez est élu président. — Motifs de cette nomination. — Réunion des représentants les plus avancés, sous la présidence de M. Flocon. — Constitution du pouvoir. — Il y avait trois partis à prendre. — On s'arrête à l'idée d'une commission exécutive, sur la proposition de MM. Reynaud, Trélat et Dornès. — V. Nomination de la commission exécutive. — Discours de M. Lamartine. — Ministère. — VI. Le 15 mai. — Décret du 12 mai qui interdit d'apporter les pétitions à la barre de l'Assemblée. — Réunion de représentants dans la rue des Pyramides. — MM. Louis Blanc et Barbès opposés à la manifestation. — Réunion au palais du conseil d'État. — Question de la guerre. — M. Armand Marrast. — Son opinion sur la journée du lendemain. — VII. La commission exécutive établie au Luxembourg ; c'est une faute. — VIII. Envahissement de l'Assemblée. — IX. La manifestation, ses péripéties, son caractère. — Rôle de Louis Blanc, — Noble attitude de M. Buchez. — Inconséquences du pouvoir. — La manifestation devait être pacifique. — X. Barbès intervient pour enlever la direction du mouvement à Blanqui. — XI. Raspail. — Blanqui. — Huber prononce la dissolution de l'Assemblée. — Gouvernement provisoire. — XII. L'Assemblée rentre en séance. — MM. Lamartine et Ledru-Rollin à l'Hôtel-de-Ville. — Arrestation de M. Courtais. — Proclamation à la France. — Mise en accusation de MM. Barbès, Courtais et Albert. — XIII. Conséquences de la journée du 15 mai. — Division de l'Assemblée en diverses réunions; leur histoire. — XIV. Question des ateliers nationaux. — Ils furent organisés par M. Marie, pour contre-balancer l'influence de M. Louis Blanc. — XV. M. Trélat, ministre des travaux publics. — Ses efforts pour dissoudre pacifiquement les ateliers. — Il est contrarié et vaincu par M. de Falloux. — XVI. Débats sur les affaires étrangères. — Reconnaissance de la République française par le congrès américain. — Discours de M. Lamartine. — Résolution de l'Assemblée, pages 1 à 61.

LIVRE II.

I. Principales causes de l'insurrection de Juin. — II. l'Assemblée pendant ces jours néfastes. — Ignorance du pouvoir. — Lettre de M. Marrast. — MM. Senard, Cavaignac, Garnier-Pagès, Considerant, Caussidière. — L'Assemblée se déclare en permanence. — Mot de M. Bérard. — III. Mise en état de siège et concentration des pouvoirs entre les mains du général Cavaignac. — IV. Caractère de M. Cavaignac. — Il réprime l'insurrection. — V. Premières mesures prises par l'Assemblée après la victoire. — Commission d'enquête. — VI. La réunion du Palais-National et la Commission exécutive. — M. Cavaignac, chef du pouvoir exécutif. — Ministère. — VII. Division de l'Assemblée en bureaux et comités. — Le comité de l'Intérieur et des Beaux-Arts. — M. David (d'Angers). — Texte d'une proposition importante. — VIII. Funestes conséquences des journées de Juin. — IX. M. Proudhon et M. Thiers. — X. Rapport de la commission d'enquête. — MM. Caussidière et Louis Blanc accusés. — XI. Défense des accusés. — M. Bac. — Faute immense commise par M. Cavaignac. — XII. Travaux de la commission de Constitution. — Proposition de M. Pleignard. — XIII. Décret relatif à la durée du travail dans les manufactures. — M. Pierre Leroux. — M. Buffet, pages 61 à 118.

LIVRE III.

I. Rapport sur le projet de Constitution par M. Marrast. — Déclaration des droits et des devoirs. M. Lamartine. — II. Projet de préambule par M. Lamartine. — III. Décret de transportation. — Commission de clémence organisée par M. Victor Hugo. — Les difficultés soulevées par le préfet de police forcent à renoncer à cette bonne idée. — IV. Commission de la réforme pénitentiaire. Ses travaux. — M. Léon Faucher ne dépose pas son rapport. — V. Question du droit au travail. — Attitude de M. Thiers. — VI. Le droit au travail, c'est le droit de vivre. — Opinions de MM. Lamartine, Carnot, Louis Bonaparte, Mathieu (de la Drôme), Glais-Bizoin. — VII. Discussion. — Vingt-et-un orateurs. — Discours de M. Billault. — VIII. Question financière. — Exemple de l'Angleterre et des Etats-Unis. — IX. Système de M. Duclerc. — Projets de divers représentants. — X. Ministère de M. Goudchaux. — Ses idées. — Faute des républicains. — XI. Question des deux chambres. — Rapport de M. Marrast. — MM. Duvergier de Hauranne et Odilon Barrot. — M. Dupin aîné. — XII. Réforme postale; MM. Etienne Arago et de Saint-Priest. — Concordats amiables; MM. Dupont (de Bussac) et Jules Favre. — Colonies agricoles en Algérie; M. Trélat. — Industrie des meubles; M. Corbon. — Enseignement agricole; M. Tourret, pages 118 à 174.

LIVRE IV.

I. Constitution du pouvoir exécutif. — Discours de MM. Félix Pyat et de Tocqueville. — M. Lamartine entraîne l'Assemblée. — Rejet de l'amendement Grévy. — II. M. Grévy. — Excellence de son système. — Trois fautes successives commises par l'Assemblée. — III. Vote de la Constitution. — Fête de la République; — Fête de la Fraternité. — Fête funèbre après les journées de Juin. — Promulgation de la Constitution. — Fêtes commémoratives du 24 février et du 4 mai. — IV. Caractère des débats de la Constitution. — MM. Dufaure, Vivien, Coquerel, Odilon Barrot, Dupin, Martin (de Strasbourg). — V. Lois organiques. — VI. Candidatures à la présidence de la République. — Calomnies répandues contre M. Cavaignac. — Débat solennel; MM. Cavaignac, Barthélemy Saint-Hilaire, Garnier-Pagès, Lamartine. — Adoption de l'ordre du jour présenté par M. Dupont (de l'Eure). — VII. Retard des malles-postes. — Liste des récompenses nationales. — VIII. Débats à l'occasion de la fuite du Pape. — Le Gouvernement lui offre l'hospitalité de la France. — IX. M. Freslon. — Sa mission auprès du Pape, pages 175 à 220.

FIN DE LA TABLE DU TOME PREMIER.

www.ingramcontent.com/pod-product-compliance
Lightning Source LLC
Chambersburg PA
CBHW060119170426
43198CB00010B/953